Luise Greuel, Axel Petermann (Hrsg.)

Macht – Fantasie – Gewalt (?)

Täterfantasien und Täterverhalten in Fällen von (sexueller) Gewalt

PABST SCIENCE PUBLISHERS
Lengerich, Berlin, Bremen, Miami,
Riga, Viernheim, Wien, Zagreb

Bibliografische Information Der Deutschen Bibliothek
Die Deutsche Bibliothek verzeichnet diese Publikation in der Deutschen Nationalbibliografie; detaillierte bibliografische Daten sind im Internet über <http://dnb.ddb.de> abrufbar.

Das Werk, einschließlich aller seiner Teile, ist urheberrechtlich geschützt. Jede Verwertung außerhalb der engen Grenzen des Urheberrechtsgesetzes ist ohne Zustimmung des Verlages unzulässig und strafbar. Das gilt insbesondere für Vervielfältigungen, Übersetzungen, Mikroverfilmungen und die Einspeicherung und Verarbeitung in elektronischen Systemen.

© 2005 Pabst Science Publishers, D-49525 Lengerich

Druck: KM-Druck, D-64823 Groß Umstadt
Konvertierung: Dirk Brackemeyer

ISBN 3-89967-286-0

Inhaltsverzeichnis

Vorwort der Herausgeber
Luise Greuel, Axel Petermann 6

Fallanalytische Verfahren – Gedanken aus der polizeilichen Praxis
Axel Petermann 9

Tötung von Kindern und Jugendlichen – Eine täterbezogene Analyse
Heike Klotzbach, Klaus Püschel, Esther Lentz 14

Zum Fressen gern – Kannibalismus aus psychiatrischer Sicht
Nahlah Saimeh 21

Von der Fantasie zur Tat – Tierquälerei
Alexandra Stupperich 47

Gewalt und Stalking
Luise Greuel, Axel Petermann 64

Vorwort der Herausgeber

Luise Greuel & Axel Petermann

In den letzten Jahren haben sich sowohl im Bereich der Kriminalitätsbekämpfung als auch in der wissenschaftlichen Theorienbildung und Methodenentwicklung rasante Veränderungen ergeben. Nicht zuletzt unter Aspekten der Qualitätssicherung kriminalistischen und forensischen Handelns bedarf es eines engen und regelmäßigen Austauschs zwischen den beteiligten Wissenschaften und der Praxis, um die Möglichkeiten und Grenzen der jeweiligen Disziplinen auszuloten und noch stärker auf die Erfordernisse der forensischen Praxis abstellen zu können. Angesichts der zunehmenden Komplexität gesellschaftlicher und damit auch strafrechtlich relevanter Prozesse ist eine stärkere Vernetzung von Wissenschaft und Praxis letztlich unabdingbar.

Auf diesem Hintergrund wurde im Frühjahr 2004 das *Interdisziplinäre Forum Forensik* (iFF) als loser Zusammenschluss von Vertreterinnen und Vertretern aus Wissenschaft und Praxis gegründet, die sich in ihrer Arbeit schwerpunktmäßig mit forensischen Sachverhalten befassen und über institutionelle Grenzen hinweg in Forschung, Lehre und Praxis miteinander kooperieren. Dabei sind primär die Disziplinen Kriminalistik/Operative Fallanalyse, Rechtspsychologie, Rechtsmedizin, Forensische Psychologie, Sozial- und Rechtswissenschaften repräsentiert.

Kern der Aktivitäten des iFF sind jährliche Arbeitstagungen und Forschungsworkshops. Die erste Arbeitstagung fand am 3. bis 4. November 2004 in Bremen statt. Sie war dem Schwerpunktthema (sexuelle) Gewalt gewidmet und trug den Titel: *„Macht – Fantasie – Gewalt (?). Täterfantasien und Täterverhalten in Fällen von (sexueller) Gewalt"*. In vorliegendem Band ist eine Auswahl der Tagungsbeiträge dokumentiert.

Einleitend führt *Axel Petermann* in die Methode der Operativen Fallanalyse ein und skizziert Anwendungsmöglichkeiten, aber auch Grenzen dieses noch recht jungen interdisziplinären Ansatzes in der Kriminalistik. Hierbei wird deutlich, dass die *kriminalpolizeiliche* Ermittlungsarbeit in komplexen Fällen nicht nur auf anspruchsvolle naturwissenschaftliche Methoden zur Ermittlung objektiver Sachbeweise angewiesen ist, sondern zunehmend verhaltensorientierte und kriminalpsychologische Erkenntnisse nutzt, um die subjektive Seite von Gewaltverbrechen nachvollziehen und sich damit dem Täter in seinen motivationalen und kognitiven Bezügen nähern zu können.

Heike Klotzbach, Klaus Püschel und Esther Lenz machen in ihrem Beitrag die *rechtsmedizinische* Perspektive im Umgang mit Tötungsdelikten an Kindern und Jugendlichen deutlich. Sie präsentieren erste Befunde einer retrospektiven Studie aus Hamburg, die das Vorliegen geschlechtsspezifischer Fallkonstellationen nahe legen.

Nahlah Saimeh setzt sich aus *forensisch-psychiatrischer* Sicht mit dem gesellschaftlich weitgehend tabuisierten Phänomen des Kannibalismus auseinander. Sie liefert einen Überblick über die Entstehungsbedingungen sexueller Perversionen unter besonderer Berücksichtigung des sexuellen Sadismus und diskutiert den Stellenwert psychischer Störungen für die Genese kannibalistischen Verhaltens.

Alexandra Stupperich setzt sich aus sozialwissenschaftlicher Perspektive mit Tierquälerei als einer Manifestationsform sexuell motivierten Gewalthandelns auseinander. Dabei wird insbesondere die Frage diskutiert, ob und ggfs. inwieweit Tierquälerei eine originäre Facette dissozialen Verhaltens oder aber ein Entwicklungsschritt hin zur Gewaltdelinquenz darstellt und insofern – nicht nur – unter Präventionsaspekten besonderer Beachtung bedarf.

Abschließend skizzieren *Luise Greuel* und *Axel Petermann* die empirischen und methodischen Grundlagen ihres aus *kriminalpsychologischen und kriminalistischen* Bezügen resultierenden interdisziplinären Ansatzes bei der Gefährlichkeitseinschätzung von Stalking-Fällen im polizeiliche Fallmanagement.

Die unerwartet hohe Resonanz auf die 1. iFF-Tagung belegt, dass ein grundlegendes Interesse aller im forensischen und polizeilichen Bereich involvierten Berufsgruppen an interdisziplinären Weiterbildungsveranstaltungen besteht. Was zunächst als Erfahrungsaustausch im „kleinen" Rahmen intendiert war, entwickelte sich – für die Veranstalter durchaus überraschend – als Großprojekt, das insgesamt 400 Teilnehmerinnen und Teilnehmer erreichte. Dies macht unseres Erachtens deutlich, dass Interdisziplinarität außerhalb aller akademischen Diskussionen aktuell bereits gelebt und entsprechend nachgefragt wird. Der große Erfolg dieser Tagung wäre natürlich nicht möglich gewesen ohne das Engagement und die Bereitschaft der Referentinnen und Referenten, ihre fachliche Expertise einer breiten Fachöffentlichkeit zur Verfügung zu stellen. Ihnen sei an dieser Stelle ebenso gedankt wie den Teilnehmenden, die durch ihre Diskussionsfreude und

Offenheit für die Arbeitsweise anderer Disziplinen die Veranstaltung erst zu einem lebendigen Forum haben werden lassen.

Für das iFF
Luise Greuel
Axel Petermann

Bremen, im August 2005

Fallanalytische Verfahren – Gedanken aus der Praxis

Axel Petermann

Zusammenfassung

Aus kriminalpolizeilicher Sicht erfolgt eine praxisnahe Einführung in den Ansatz und die Anwendungsmöglichkeiten der Operativen Fallanalyse. Dabei werden Möglichkeiten und Grenzen dieses interdisziplinären Ermittlungsansatzes skizziert.

Schlüsselwörter:

Operative Fallanalyse, Profiling, Tötungsdelikte

In ihrer täglichen Praxis haben die Mordkommissionen der Kriminalpolizei in der Regel Tötungsdelikte zu bearbeiten, bei denen eine Beziehung zwischen Täter und Opfer vorliegt bzw. der Täter aus dem näheren Lebensbereich des Getöteten stammt. Bei diesen Taten ist das Motiv zumeist leicht erkennbar, was dazu führt, dass die Verbrechen in relativ kurzer Zeit aufgeklärt werden können. Anders verhält es sich jedoch bei der Aufklärung von Tötungsdelikten, bei denen keine Beziehung zwischen Täter und Opfer hergestellt werden kann und vom Täter Handlungen am Opfer oder an der Leiche verübt wurden, die für Außenstehende nicht erklärbar und nachvollziehbar sind. In diesem Zusammenhang findet der Begriff des "sinnlosen Mordes" Verwendung. Diese Fälle sind der Albtraum einer jeden Mordkommission. Sie bedeuten in der Regel monatelanges, manchmal auch jahrelanges Arbeiten und dies oft, ohne dass sich der finale kriminalistische Erfolg überhaupt einstellt.

Traditionell stützt sich die Arbeit der Mordkommissionen in der Beweisführung auf naturwissenschaftliche Methoden, die auf ein hohes Qualitätsniveau gebracht wurden. Beispielhaft sind die Mikrofaseruntersuchung, die Sichtbarmachung von latenten Spuren, die Sicherung und Auswertung von Fingerspuren, aber insbesondere ist auch die DNA-Analyse und die Einführung der DNA-Datenbank zu nennen. Nicht immer ist die Anwendung dieser kriminaltechnischen Verfahren jedoch praktikabel, nämlich dann, wenn

klassische Tatortspuren, wie Fingerabdrücke, Blut- oder Spermaspuren nicht vorhanden sind oder nicht mehr gesichert werden können. Die Fragen der Ermittlungsbeamten bleiben bei einem solchen Fall aber immer die gleichen:
- Welche Veranlassung hatte der Täter die Tat zu beginnen?
- Welche Entscheidungen hat der Täter getroffen und aus welcher Motivation heraus?
- Galt die Tat speziell diesem Opfer oder war es zufälligerweise zur falschen Zeit am falschen Ort?
- In welcher Abfolge hat sich die Tat ereignet?
- Leistete das Opfer Widerstand und wie reagierte der Täter darauf?
- Können Aussagen zur Persönlichkeit des Täters, u.a. zu seinem Alter, seinen Fähigkeiten, seiner Bildung, seinen evtl. Vorstrafen sowie seinem Wohnort oder weiteren Lebensbereich gemacht werden und
- Gibt es einen Zusammenhang mit weiteren Taten?

Um auf diese berechtigten Fragen eine Antwort geben zu können, musste bei dem Versuch der Aufklärung zunehmend auf neue theoretische Ansätze der Kriminalpsychologie, der Soziologie, der forensischen Medizin und weiterer Disziplinen zurückgegriffen werden, um hieraus Verdachtsgewinnungsstrategien zu entwickeln, Deliktzusammenhänge zu erkennen bzw. um Ermittlungs- und Fahndungsmaßnahmen zu optimieren.

Bereits in den 70-iger Jahren des 20. Jahrhunderts wurden von den Experten der 'Behavior Science Unit' (Abteilung für Verhaltensforschung) an der FBI-Academy in Quantico/Virginia eine Methode der Tatort- und Verhaltensanalyse von Tätern entwickelt. Begriffe, wie "organized" und "disorganized" wurden bei der Beurteilung von Verbrechen herangezogen, wobei deutlich wurde, dass diese beiden Begriffe lediglich Pole von Täterverhalten darstellen und das Gros der Taten sich zwischen diesen beiden Extremen bewegt. Die Schaffung eines solchen Klassifikationssystems war für die Wissenschaftler des FBI deswegen notwendig, weil die Durchführung einer Fallanalyse mit dem darauf sich stützenden Erstellen des Profils eines unbekannten Täters tatsächlich eine umgekehrt arbeitende Klassifikation des Täterhandelns bedeutet.

Gewöhnlich wird ein bekannter Umstand in eine bestimmte Kategorie eingestuft, um dann mit anderen bekannten Verhaltensweisen verglichen werden zu können. Bei den Ermittlungen in ungeklärten Mordfällen gibt es diese Möglichkeit nicht. Es ist daher erforderlich, sich mit den beiden einzigen vorhandenen Informationsquellen zu beschäftigen: Tatort und Opfer. Hier zeigt der Täter durch die Form der Kontaktaufnahme, die Tötungshandlung und durch das Nach-Tat-Verhalten mehr oder weniger deutlich seine Bedürfnisse und das Motiv der Tat. Es sind die Fragen nach dem 'Was' und 'Warum' der einzelnen Handlungen zu stellen und zu beantworten. Insbesondere ist zu klären, welche Verhaltensweisen der Täter an den Tag legte, die für die eigentliche Tötungshandlung nicht von Bedeutung waren, für ihn aber dennoch eine besondere Bedeutung hatten.

Voraussetzung für eine erfolgreiche Klassifizierung ist jedoch grundlegend immer, dass der Fallanalytiker in der Lage ist, das sich an Tatort und Opfer darstellende Spurenbild genau zu lesen und zutreffend zu interpretieren. Die von den FBI-Profilern entwickelten Verfahren sind inzwischen durch Praxis und Forschung weiterentwickelt worden und fanden letztendlich ihre internationale Anerkennung und Verbreitung.

Bereits Anfang der 90-iger Jahre wurde beim Bundeskriminalamt eine Projektgruppe "Kriminalistisch-kriminologische Fallanalyse" eingerichtet. Und auch der österreichische Kriminalpsychologe Dr. Thomas Müller aus Wien hat dazu beigetragen, dass die beim FBI entwickelten fallanalytischen Verfahren über Österreich in Deutschland ihren Einzug halten konnten. Inzwischen verfügt jedes Bundesland sowie auch das Bundeskriminalamt über eine operative Einheit, die sich mit der Analyse von ungeklärten Sexual- und Tötungsdelikten beschäftigt.

Nach einer mehrjährigen BKA-Ausbildung konnten zu Beginn 2005 insgesamt 25 polizeiliche Fallanalytiker aus Bund und Ländern zertifiziert werden, wobei ein strenger Maßstab bei der Erstellung einer Fall- oder Tathergangsanalyse auf den (interdisziplinären) Gruppenansatz und die strikte Einhaltung bestimmter Qualitätsmerkmale bei der Bewertung der am Tatort festgestellten Täterentscheidungen und der Opferpersönlichkeit unumgänglich ist. Gerade diese Vorgehensweise stellt eine klare Abgrenzung zu den einzeln agierenden sogenannten Profilern dar.

Ziel und Methode der Fallanalyse

Das Ziel der Fallanalyse bei Tötungsdelikten besteht darin, anhand der am Tatort und der an der Leiche gefundenen Spuren, Täterverhalten zu finden, zu klassifizieren und zu interpretieren. Aufgrund der zur Verfügung stehenden Informationen werden die primäre Zielstellung des Täters, das Opfersowie das Täterrisiko, eine evtl. vorhandene Eskalation während der eigentlichen Deliktsbegehung sowie Zeit- und Ortsfaktoren festgelegt, wobei diese festgestellten Variablen als Grundlage in die darauf folgende Tatrekonstruktion einfließen. Eine ganz besondere Stellung in diesem Verfahren nimmt die Beantwortung der Frage ein, ob die Tat sich gezielt gegen das Opfer richtete oder es durch ein anderes hätte ersetzt werden können. Mit anderen Worten, ob das Opfer zur sich zur falschen Zeit am falschen Ort aufhielt.

In einem zweiten Entscheidungsprozess wird das Delikt nach dem Motiv analysiert, die Auswahl des Opfers durch den Täter und sein anschließendes Kontrollverhalten bestimmt, die Abfolge der Ereignisse rekonstruiert und die Wertigkeit der vorhandenen oder nicht vorhandenen Planung bei den Täterhandlungen festgehalten. Zusätzliche Elemente der Tatortdynamik und spezieller Täterentscheidungen sowie all jene Verhaltenscluster, die über die eigentliche Tatbegehung hinausreichen und unter den Begriff des modus operandi (pragmatische Vorgehensweise des Täters) nicht mehr subsumiert werden können, bilden den Abschluss der eigentlichen Fallanalyse.

Unter bestimmten Voraussetzungen können weiterhin Angaben zu dem unbekannten Täter und Merkmalen seiner Persönlichkeit abgegeben werden. Doch hier ist Vorsicht geboten, basiert diese Einschätzung der Täterpersönlichkeit auf dem Ergebnis der Fallanalyse, das richtig sein kann, aber zwangsläufig nicht immer sein muss. Die bei der Fallanalyse gewonnenen Erkenntnisse werden dann den Ermittlern zur Verfügung gestellt und sollen helfen, die näheren Umstände unklarer Tatabläufe zu verstehen und zukünftige Ermittlungsschwerpunkte zu bestimmen bzw. den unbekannten Täter so zu beschreiben, dass sich Überprüfungskriterien bei potenziell Verdächtigen ergeben.

Basis einer Fallanalyse

Als Basis einer Fallanalyse werden ausschließlich objektive Befunde, wie z. B. Angaben
- zum Tatort und der weiteren Umgebung des Tatorts
- zur Auffindesituation des Opfers
- zum rekonstruierten Tatgeschehen
- zu durchgeführten Untersuchungen am Tatort
- zu den Ergebnissen der Spurensicherung mit gesicherten Beweismitteln vom Tatort
- zu forensischen Untersuchungsergebnissen der Beweismittel und
- gerichtsmedizinischen Untersuchungsergebnissen, wie Todesursache, Todeszeitpunkt, Art der Verletzungen, Wundalter, Liegezeit etc. sowie

- zum Opferbild (ermittelt aus einem repräsentativen Querschnitt von Aussagen über das Opfer) herangezogen.

Zeugenaussagen bleiben in der Regel bei der Analyse des Verbrechens unberücksichtigt, da diese Informationen aus den unterschiedlichsten Gründen Fehlerquellen aufweisen können. Von diesem Grundsatz wird lediglich bei der Bewertung einer Opferpersönlichkeit oder der Analyse von Sexualdelikten, bei denen das Opfer überlebte, eine Ausnahme gemacht. Hier ist die Kenntnis des physischen, verbalen und sexuellen Täterverhaltens von größter Bedeutung, und dieses kann nur über eine detaillierte Befragung des Opfers näher eruiert werden.

Aber auch der Tatort oder besondere Aspekte in der Opferpersönlichkeit können Probleme bei der Analyse eines Verbrechens bereiten: Nämlich dann, wenn die Spuren am Tatort bewusst verändert bzw. durch Umwelteinflüsse vernichtet wurden, oder es sich bei dem Getöteten um einen Menschen handelte, der aufgrund seiner Lebensumstände generell einem erhöhten Risiko ausgesetzt ist, Opfer eines Verbrechen zu werden. Zu diesen Personen gehören in der Regel Menschen, die aufgrund ihrer Tätigkeit oder Handlungen gehäuft Kontakte zu ihnen unbekannten Menschen haben, z.B. Prostituierte, Anhalter(innen), Taxifahrer(innen), Personen in Notlagen.

Anschrift des Verfassers:

KHK Axel Petermann
LKA/OFA Bremen

Tötung von Kindern und Jugendlichen – Eine täterbezogene Analyse

Heike Klotzbach, Klaus Püschel, Esther Lentz

Zusammenfassung

Mit Ausnahme des vielbeachteten Phänomens der Kindstötung liegen nur wenige systematische kriminologische Untersuchungen über die Tatumstände bei Tötungsdelikten an Kindern und Jugendlichen vor. Eine retrospektive Analyse von Fällen aus dem Hamburger Stadtgebiet zeigte geschlechtsspezifische Unterschiede der Täter/innen im Bezug auf Häufigkeit, Alter der getöteten Kinder und angewandte Tötungsmechanismen.
Im Hinblick auf Möglichkeiten der Gewaltprävention ist eine weitergehende differenzierte Analyse der Tatumstände sowie der Täter erforderlich.

Schlüsselwörter

Kindstötung, Geschlechterforschung, häusliche Gewalt

Einleitung

In der Bundesrepublik Deutschland werden jährlich etwa 200 Tötungsdelikte an Kindern erfasst, wobei Versuche ungefähr die Hälfte der Fälle ausmachen; Jungen und Mädchen sind etwa in gleicher Häufigkeit betroffen (1). Die Tötung von Neugeborenen, meist durch die Kindsmutter, hat im Laufe der letzten Jahrhunderte einen ausgeprägten Wandel in der Bewertung und der Rechtssprechung erfahren und war immer wieder Gegenstand intensiver rechtlicher, ethischer und sozialmedizinischer Diskussionen sowie auch wissenschaftlicher Studien (Übersicht bei 4). Systematische Untersuchungen über Tötungen älterer Kindern finden sich dahingegen nur selten (z. B.2, 3, 6).

Material und Methoden: Im Rahmen einer retrospektiven Studie aus dem Hamburger Stadtgebiet wurden retrospektiv insgesamt 1434 Tötungsdelikte, darunter 53 Kinder und Jugendliche bis 16 Jahre, der letzten 12 Jahre unter epidemiologischen, phänomenologischen und kriminologischen Aspekten ausgewertet.

Ergebnisse

In ¾ der Fälle waren Opfer und Täter männlich, in 19% wurden Frauen oder Kinder von Männern getötet. 7% der Tötungsdelikte wurden von Frauen begangen. Die weiblichen Delinquenten töteten in 1/3 der Fälle ein Kind (n=34), die Männer wesentlich seltener (n=19). Bezüglich des Alters der getöteten Kinder und Jugendlichen ist auffallend, dass jüngere Kinder eher von Frauen und ältere Kinder eher von Männern getötet wurden (Abb 1). Bei den von Frauen getöteten Kindern, handelte es sich in 32% (n=11) der Fälle um Neugeborene. Des Weiteren machten Säuglinge, bis zu einem Jahr, welche über das Neugeborenenalter hinaus waren 20% (n=7) der von Frauen getöteten Kinder aus, Kleinkinder zwischen 1 und 2 Jahren 12% (n=4). Bei den männlichen Delinquenten hingegen ist die Tötung eines Neugeborenen nicht zu verzeichnen. 11% (n=2) der Kinder, die von Männern getötet wurden waren bis zu 1 Jahr alt, 26% (n=5) bis zu 2 Jahren. Die übrigen 63% verteilen sich relativ gleichmäßig auf alle Altersgruppen.

Auch hinsichtlich der angewandten Tötungsmechanismen ergaben sich geschlechtsspezifische Unterschiede. Zur besseren Gegenüberstellung wurden hier Prozentangaben verwendet, es ist jedoch darauf hinzuweisen, daß es sich um kleine Fallzahlen handelt (Abb 2). Der von den weiblichen Delinquenten am häufigsten angewendete Tötungsmechanismus bei Kindern war die Strangulation mit 29% (n=10). An zweiter Stelle mit 18% (n=6) wurden Kinder aus größerer Höhe aus dem Fenster bzw. vom Balkon herab geworfen. An dritter Stelle mit 9% (n=3) war die stumpfe Gewalt zu verzeichnen. Scharfe Gewalt, Ertränken und Verbrennen waren jeweils mit 6% (n=2) vertreten. Strom und Giftbeibringung machten jeweils 3% (n=1) der

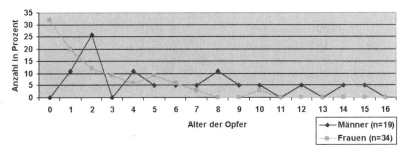

Abb. 1: Alter der getöteten Kinder und Jugendlichen

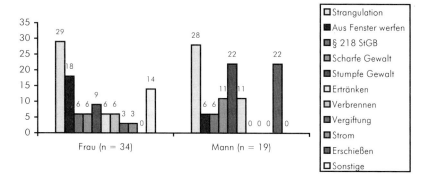

Abb. 2: Tötungsmechanismen in Prozent

Tötungsmechanismen aus; bei der Intoxikation handelte es sich um eine Barbituratvergiftung. Sonstige sind mit 14% (n=5) zu verzeichnen, hierbei handelt es sich hauptsächlich um unterlassene Neugeborenenversorgung sowie um Vernachlässigung von Säuglingen oder Kleinkindern (Abb 3).
Bei den männlichen Delinquenten wurde ebenfalls am häufigsten die Strangulation mit 26% der Fälle (n=5) eingesetzt. An zweiter Stelle standen die stumpfe Gewalt und das Erschießen, jeweils mit 21% (n=4) (Abb. 4). Ertränken und scharfe Gewalt waren mit jeweils 11% (n=2) zu verzeichnen. Während Frauen überwiegend ihre leiblichen Kinder (30/34) töteten, wurden von Männern in etwas über der Hälfte der Fälle (10/19) nicht die eigenen Kinder getötet. Es handelte sich in den anderen Fällen z. B. um die Kinder der Lebensgefährtin, Auseinandersetzungen zwischen Jugendlichen, in 2 Fällen um Sexualverbrechen an einem fremden Kind. Überraschenderweise wurde im Hamburger Stadtgebiet für diesen Zeitraum kein tödlicher Ausgang des sogenannten Schütteltraumas festgestellt.

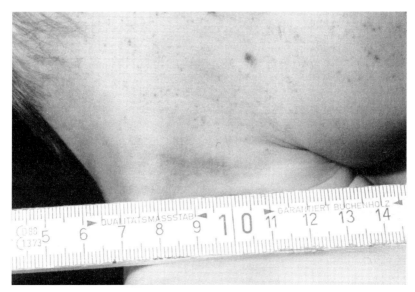

Abb. 3: Tötung durch Strangulation: Ausgeprägte Stauungssymptomatik im Gesichtsbereich, bandförmige Strangulationsmarke, 1,5 Jahre, männlich

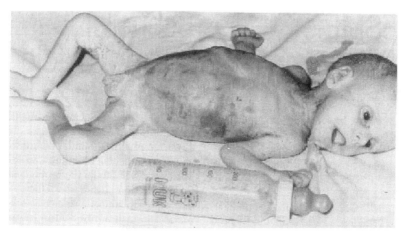

Abb. 4: Tötung durch Vernachlässigung eines Säuglings: Deutlich reduzierter Ernährungszustand und Pflegezustand, sogenanntes „Greisengesicht"

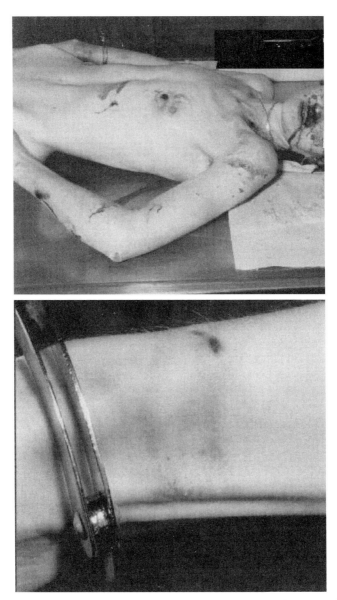

Abb 5 a+b: Da seine Lebensgefährtin ihn verlassen wollte, fesselte der Täter die Frau und ihre Tochter (14 Jahre) mit Handschellen und tötete sie durch Schüsse

Diskussion

Hinsichtlich der Häufigkeiten, der Altersverteilung sowie der Tötungsmechanismen und der Täter-Opferbeziehung ergaben sich geschlechtsspezifische Unterschiede der Täter. Obwohl in der Gesamtzahl aller Tötungsdelikte die weit überwiegende Mehrzahl der Täter männlichen Geschlechts waren (93% vs. 7%), wurden im Kollektiv der Kinder bis 16 Jahre erheblich mehr der Opfer von Frauen getötet als von Männern (34 vs. 19). Die von Frauen getöteten Kinder waren deutlich jünger, meist die leiblichen Kinder und es waren überwiegend Neugeborene und Säuglinge betroffen.

Betrachtet man die Tötungsmechanismen, ist aufgrund der kleinen Fallzahlen Zurückhaltung hinsichtlich der Interpretation geboten. Trotzdem lassen sich geschlechtsspezifische Unterschiede erkennen, welche zu einem Großteil dadurch bedingt sind, das die von Frauen getöteten Kinder jünger waren. Von den Frauen stranguliert oder aus dem Fenster herab geworfen wurden in erster Linie Säuglinge und Neugeborene. Von den Männer wurden Kinder aller Altersstufen am häufigsten mittels Strangulation, stumpfer Gewalt oder Schußwaffen getötet. Das Erschießen bezieht sich zum größten Teil auf Ereignisse mit Tötung mehrerer Personen und sogenannte erweiterte Suizide, bei welchen die Männer in der Regel die Partnerin, Kind oder Kinder und in manchen Fällen anschließend sich selbst töteten. Erweiterte Suizide waren bei den Frauen in insgesamt 3 Fällen selten, die Frauen töteten jeweils ein Kind und sich selbst, jedoch nicht den Partner. Den 2 Fällen von Verbrennen von Kindern lag jeweils eine Psychose der Mutter zugrunde. Unter den sonstigen Tötungsmechanismen fanden sich bei den Frauen überwiegend eine mangelhafte Versorgung von Neugeborenen sowie Vernachlässigung von Säuglingen oder Kleinkindern.

Die Auswertung einer Stichprobe von Gerichtsakten der Jahre 1997, 1998 und 1999 zeigt, dass Frauen deutlich milder bestraft wurden als Männer. Diese Ergebnisse stehen im Gegensatz zu den von Trube-Becker (5) erhobenen Daten aus einem Fallkollektiv der 40er bis 60er Jahre; damals wurden Frauen zu längeren Haftstrafen verurteilt als Männer.

Trotz einer relativ kleinen Fallzahl zeichneten sich deutliche Tendenzen in bezug auf ein überzufällig häufiges Vorkommen bestimmter Fallkonstellationen ab. Unter der Zielvorstellung einer Entwicklung von Präventivmaßnahmen erscheint eine weitergehende differenzierte qualitative Auswertung der Einzelfallkonstellationen unverzichtbar. Entgegen dem Eindruck steigender Fallzahlen und zunehmender Bedrohung von Kindern durch Gewalt, sexuelle Übergriffe und Tötung zeigte unsere statistische Analyse keine Zunahme der Gewalt gegen Kinder und Jugendliche im Bereich der Tötungskriminalität.

Literatur

PÜSCHEL K (2003) Kindesmißhandlung. In Brinkmann, B, Madea, B (Hrsg.) Handbuch gerichtliche Medizin, Band 1. Springer Verlag, Heidelberg, pp 1154-1165
RIßE M, LIGNITZ E, PÜSCHEL K, GESERICK G (1993) Tötung von Kindern durch Kinder und Jugendliche - ein seltenes Delikt. Arch Kriminol 191: 129-138
RIßE M, PÜSCHEL K, LIGNITZ E (1995) Tödliche Gewalt von Jugendlichen an Kindern - Sexuelle Motivation im Vordergrund. Arch Kriminol 195: 1-8
RIßE M (2002) Tod im Neugeborenen- und Säuglingsalter. Arch Kriminol 205: 169-179
TRUBE-BECKER E (1974) Frauen als Mörder. Wilhelm Goldmann Verlag, München
VOCK R, TRAUTH W, ALTHOFF H, BETZ P, BONTE W, GERLING I, GRAW M, HARTGE K, HILGERMANN R, HOHMANN E, KAMPMANN H, KLEEMANN W J, KLEIBER M, KRAMER M, LANGE E, LASCZKOWSKI G, LEUKEL, H, LIGNITZ E, MADEA B, METTER D, PEDAL I, POLLAK S, RAMMS M, SCHELLER M, WILSKE J ET AL. (1999) Tödliche Kindesmisshandlungen in der Bundesrepublik Deutschland im Zeitraum 1.1.1985 bis 2.10.1990. Ergebnisse einer multizentrischen Studie. Arch Kriminol. 203: 73-85

Anschrift der Verfasser:

Dr. med. Heike Klotzbach
Institut für Rechtsmedizin der Universität Bonn
Stiftsplatz 12
D-53111 Bonn

Prof. Dr. med. Klaus Püschel
Institut für Rechtsmedizin der Universität Hamburg
Butenfeld 34
D-22529 Hamburg

Esther Lentz
Institut für Kriminalwissenschaften
Abteilung Kriminologie
Universität Hamburg
Schlüterstraße 28
D-20145 Hamburg

Zum Fressen gern –
Kannibalismus aus psychiatrischer Sicht

Dr. med. Nahlah Saimeh

Zusammenfassung

Kannibalismus und Autokannibalismus im psychiatrischen Kontext können Symptome unterschiedlicher Grunderkrankungen sein:
- Schizophrenie
- schwere hirnorganische Wesensänderung,
- Borderline-Persönlichkeitsstörungen und andere schwere Persönlichkeitsstörungen
- sexuelle Perversion

Schlüsselwörter

Kannibalismus, Autokannibalismus, Schizophrenie, Persönlichkeitsstörungen, sexuelle Perversion

„„... Der Gefangene wird zunächst sehr gut behandelt; dann lädt der Sieger seine Genossen zu einer großen Versammlung.... dann stechen sie ihn vor der ganzen Versammlung tot. Hierauf braten sie ihn, essen alle gemeinsam Stücke von ihm und schicken auch ihren Freunden etwas... diese Handlung ist eine symbolische Darstellung der äußersten Rache... Ich habe durchaus nichts dagegen einzuwenden, daß man in einem solchen Vorgehen eine furchtbare Barbarei sieht, wohl aber dagegen, daß wir zwar ihre Fehler verdammen, aber so blind gegen unsere eigenen Fehler sind. Es ist doch viel barbarischer, einen lebenden Menschen zu martern, als ihn nach dem Tode aufzuessen..." (Michel de Montaigne, Essais, 1608)

Einführung: Kannibalismus in der Kultur

Das Thema „Kannibalismus" findet sich seit Menschengedenken in Riten und Kultur. Küssen, saugen, beißen als Bestandteile von Zärtlichkeiten zwischen Eltern und (kleinen) Kindern sowie zwischen Sexualpartnern stehen mit kannibalistischen Phantasien im Zusammenhang. Auch Spiele

von Erwachsenen mit Kindern zum Thema „Fressen und Gefressenwerden" drehen sich um die Einverleibung besonders guter oder auch besonders böser Objekte in den eigenen Körper, wobei bei der Einverleibung besonders böser Objekte deren Vernichtung im Vordergrund steht.
Die Nähe von erotisch-sexuellen Reizen zur Einverleibung illustriert auch unser Sprachgebrauch: Frauen werden z.b. als „süß" oder „appetitlich", das Gesäß als „knackig" bezeichnet.
Im kulturellen Kontext können vier Formen des Kannibalismus unterschieden werden:
- Hunger-Kannibalismus (extrem selten)
- Ritueller Kannibalismus (z.B. Neuguinea, Indonesien, Australien, Maori, Neuseeland)
- Antisozialer Kannibalismus
- Kannibalismus bei psychischen Störungen

Der Hunger-Kannibalismus fand sich u.a. im dreißigjährigen Krieg (1618 – 1648) und bei der Südpolarexpedition von Robert F. Scott. Auch bei der Belagerung von St. Petersburg durch die Deutschen im 2. Weltkrieg kam es zu Hunger-Kannibalismus infolge der Hungersnot, die zwischen 800.000 und 1 Mio Menschen das Leben kostete.
Der rituelle Kannibalismus diente in primitiven Kulturen dazu, sich die Eigenschaften des Toten einzuverleiben oder deren Kräfte zu gewinnen. Der Kannibalismus gilt also der Einverleibung eines Objektes.
Ethnologische Kunstgegenstände dieser Art dienen bisweilen als Staatsgeschenke. So erhielt Königin Elisabeth II 1977 in Neuguinea als Geschenk ein Schädelgerüst der Goaribari-Insel, dem einzigen Ort, von dem bekannt ist, daß 1901 Missionare dort tatsächlich Kannibalen zum Opfer fielen. Die Königin nahm das Geschenk an und gab es dem British Museum in London weiter.

Von sogenanntem „zärtlichen Kannibalismus" wird gesprochen, wenn im Rahmen von Begräbnisritualen Teile von Menschen gegessen werden, die normalen Tod gestorben sind (A. Gerlach). Der Tod ruft Verlustängste hervor, die den Überlebenden zur Regression zwingen. Auch hier spielt der Erwerb von Tugenden des Toten eine Rolle und das Bestreben, die Wesensintegrität der Familie zu wahren.
Die bei uns als BSE bekannte Erkrankung mit schwammartigem Zerfall des Gehirns durch Prionen ist auf Neuguinea als Kuru bekannt und wird durch das Verspeisen des Gehirns von Verstorbenen ausgelöst.

Eine andere, überlieferte Form des Kannibalismus hängt zusammen mit dem Kannibalismus als Erniedrigung und Rache an den Feinden, der sog. antisoziale Kannibalismus (Vgl. Michel de Montaigne). Von der chinesischen Kultur der Chou-Dynastie (1122 bis 255 v Chr.) ist bekannt, daß Feinde verzehrt wurden, um den Sieg zu vollenden, sog. Exokannibalismus. Ferner wurde der antisoziale Kannibalismus vor allem immer Gruppen anderen Glaubens oder anderer ethnischer Zugehörigkeit zugesprochen, um ihnen eine maximale moralische Verwerflichkeit zu attestieren. So hielten die Römer die ersten Christen für Kannibalen, die Weißen die Schwarzen und – man bemerke – die Schwarzen wiederum die Weißen.

Das alte Testament kennt den Kannibalismus ebenfalls als schlimmstes Vergehen und Höhepunkt einer perversen Gesellschaft.
Insgesamt wurde durch Christentum und Islam der Kannibalismus zurückgedrängt. Der Einsatz der Missionare gegen den Kannibalismus galt dem Schutz der Menschenrechte.
Der Vollständigkeit halber sei darauf hingewiesen, daß durch die Verwandlung im Abendmahl, dem Kernbestandteil des christlichen Glaubens, die höchst mögliche Liebe zwischen Gott und den Menschen Gestalt annimmt. Es ist daher nicht verwunderlich, daß das Zerbeißen der Hostie nicht üblich ist.

Die in unserer Kultur vorkommenden kannibalistischen Motive in Kindermärchen und Literatur sind geläufig: so will die Hexe Hänsel und Gretel verspeisen.
Im Roman von Patrik Süßkind „Das Parfüm" wird Jean Baptiste Grenouille verspeist, der sich zuletzt mit einem Odeur besprenkelt, das ihn bis zur Raserei so begehrenswert macht, daß nichts von ihm übrig bleibt.
Sowohl im Märchen wie in der Literatur wird schon die Verbindung von Kannibalismus zur (gestörten) Persönlichkeitsentwicklung und zur Sexualität deutlich.
Auch die Redewendung von Eltern in Bezug auf ihre Kinder, daß diese „ihr eigen Fleisch und Blut" seien, verweist latent auf die Nähe zwischen engster emotionaler und fleischlicher Verbundenheit bzw. Einheit.
Aus der Tatsache, daß kannibalistische Motive Bestandteil menschlicher Kultur sein können, ja sogar in höchst vergeistigter Form Kernbestandteil der geistig-moralischen Entwicklung des christlichen Abendlandes kann zumindest angenommen werden, daß der ganz fundamentale Unterschied zwischen Ritus und Symbol in der Kultur auf der einen Seite und schwerster

sexueller Devianz auf der anderen Seite auf jeweils gänzlich verschiedenen Niveaus der jeweiligen Persönlichkeitsorganisation beruht.

Weitere Unterteilungen des Kannibalismus:

Unterteilung des Kannibalismus nach Objektbezug:

Fremde Person	Eigene Person
Vampirismus	Autovampirismus
Kannibalismus	Autokannibalismus

Unterteilung des Kannibalismus nach psychischer Funktion:
- Wahnhafter Kannibalismus (Psychosen)
- Narzißtischer Kannibalismus (Persönlichkeitsstörungen/ Perversion)

(und Unterteilung des Kannibalismus in Bezug auf das lebende bzw. tote Objekt.)

Bekannte Beispiele:

- „Herzlfresser" Paul Reisinger in der Steiermark glaubte Ende des 18. Jahrhunderts daran, daß der Verzehr von neun zuckenden Jungfrauenherzen ihm die Fähigkeit geben würden, sich unsichtbar zu machen und Glück im Spiel zu haben. Er tötete zwischen 1779 und 1786 6 Frauen (Psychose).
- Peter Kürten („Vampir von Düsseldorf"):
  Er tötete in den 20ziger Jahren des letzten Jahrhunderts die 9 Jahre alte Tochter der Gastwirte Klein in Köln-Mülheim durch 4 Schnitte durch Luftröhre und Halsschlagader und gab später an, mit dem Mord an dem Mädchen seinen 30. Geburtstag gefeiert zu haben. Der Anblick des schwallartig sich ergießenden Blutes habe ihm einen Orgasmus verschafft und auch später habe bereits die rein bildliche Vorstellung ihm zum Orgasmus gereicht. Auch von seinen anderen Opfern trank er das Blut (sexuelle Perversion).
- Bernhard Oehme (67) hatte seine zwei Jahre jüngere Schwester erschlagen, zerlegt und eingepökelt. In der Küche wurde eine Bouillon aus Menschenfleisch gefunden, von der er sich ernährt habe. Herr

Oehme berichtete, im Vergleich zu anderem Fleisch finde sich geschmacklich kein Unterschied (Psychose).
- Issei Sagawa:
Am 12.06.1981 wurden im Bois de Boulogne zwei Koffer mit menschlichen Überresten einer jungen Frau entdeckt, die von hinten mit einem Schuss aus einem Jagdgewehr getötet und nach dem Tod vergewaltigt und dann zerstückelt worden war.
Der Mörder war der 33 Jahre alte Literaturstudent Asiate Sagawa.
Bei seiner Festnahme lagen im Kühlschrank in Frischefolie verpackt Brüste, Gesäß, Hüftstücke und eine Lippe. (Es wurde eine schwere psychotische Störung diagnostiziert.)
Er berichtete später, schon als Kind die Vorstellung vom Fressen und Gefressenwerden gehabt zu haben. In der Pubertät hätten sich diese Vorstellungen auf weiße Frauen verdichtet. In Paris traf er eine Kommilitonin, die seinem Ideal entsprach, die er zum Essen einlud, ihm Gedichte vorlas und die er beim zweiten Treffen erschoß.
Sagawa kam in die Forensik. 1985 wurde er nach Japan zurückgeschickt und dort aus der Psychiatrie entlassen (sexuelle Perversion).

„Ihr schöner weißer Körper liegt vor mir. Ich berühre ihren Hintern, er ist so schön und zart. Wo soll ich zuerst hineinbeißen? Ich entscheide mich für eine Hinterbacke. Meine Nase versinkt in ihrer kühlen, weißen Haut.... Ich hole dann ein Messer aus der Küche und stoße es tief in ihre Haut.... Dann finde ich das rote Fleisch unter dem Fett. Ich schneide ein Stück heraus und stecke es in den Mund. Ich kaue. Es hat keinen Geruch und keinen Geschmack. Es schmilzt in meinem Mund wie ein perfektes Stück Thunfisch.... Ich hab Sex mit dem Körper.... Ich küsse sie und sage ihr, wie sehr ich sie liebe...."
(Issei Sagawa)

- Armin Meiwes (Fall bekannt).
Es sei wie eine Heirat gewesen, wie ein übernatürliches Einssein. „Ich hatte die Hoffnung, daß er ein Teil von mir wird." Bei der Vorstellung, einen schönen, schlanken, jungen Mann zu zerteilen, habe er ein gutes Gefühl gehabt. Bei der Schlachtung habe er „Haß, Wut und Glück" gespürt (Angaben im Prozeß). (Zur Person war zu erfahren, daß er das jüngste von 3 Kindern aus einer gutbürgerlichen Familie war. Er blieb mit der Mutter zurück, die ihn an sich band und ihm einen weiblichen Kosenamen gab. Die Entwicklung einer männlichen Identität war gestört. Er entwickelte früh kannibalistische Phantasien mit der Vorstellung, den verspeisten Menschen für immer in sich zu haben. Das Opfer zeigte ausgeprägte masochistische Vorlieben.)

(Weitere bekannte Beispiele: Fritz Haarmann, Edmund Kemper, Joachim Kroll, Jefrey Dahmer, Ed Gein, Sascha Aleksander Spesiwtsew)

Um nun einigermaßen zu verstehen, wie es zu kannibalistischen Handlungen bei Tötungsdelikten kommen kann, müssen wir uns nachfolgend mit der Entstehungsweise schwerer psychischer Störungen, insbesondere der sexuellen Perversion befassen. Erst am Ende der Ausführungen mag, soweit dies überhaupt möglich ist, ein bißchen Licht in die motivisch dunkle Höhle des Kannibalen geworfen werden.

Kannibalismus bei psychischen Störungen

Kannibalismus und Autokannibalismus können grundsätzlich bei folgenden psychischen Störungen vorkommen:
- Schizophrenie
- Verhaltensstörung bei schwerer hirnorganischer Wesensänderung
- Persönlichkeitsstörungen, insbesondere Borderline – Persönlichkeitsstörung, antisoziale, schizoide und schizotypische Persönlichkeitsstörung
- Sexuelle Perversion

Schizophrenie:
Bei der Schizophrenie, oder besser gesagt, bei den Psychosen aus dem schizophrenen Formenkreis, handelt es sich um eine Erkrankungsgruppe, bei der die grundlegende Störung von Affekt, Informationsverarbeitung, Wahrnehmung der Umwelt, Denkinhalte, Meinhaftigkeitserleben, Motivation und Antrieb zu einer schweren Persönlichkeitsveränderung führt.
Bei der paranoid-halluzinatorischen Form sind Denken und Handeln einem irrealen Wahnerleben untergeordnet, in dem sich der Patient verfolgt, bedroht, sexuell belästigt oder magisch durchdrungen fühlt.
Ein bis zwei Prozent der Bevölkerung aller ethnischen Gruppen und Gesellschaften leiden an der Störung.
Bei Tötungsdelikten Schizophrener spielt fast immer die paranoide Form die Hauptrolle. Bei Tötungsdelikten Schizophrener spielen abnorme Denkinhalte mit wahnhaftem Bezug und übersteigertem magisch-mystischem Denken eine Rolle. Häufig sind die Taten in der Ausführung unbeholfen,

aber auch besonders kaltblütig. Infolge der schweren Persönlichkeitsveränderung fehlen Einsicht in das Unrecht der Tat und Reue.
Gewalttaten können auch in der katatonen Erregung, einer raptusartigen Entladung des Antriebs, geschehen.

Sowohl autokannibalistische wie auch kannibalistische Handlungen können hier infolge schwerer Ich-Störungen und wahnhafter Denkinhalte umgesetzt werden. Autokannibalistische Akte können auch ein letzter Prozeß der körperlichen Selbstvergegenwärtigung sein.
Ebenso kommen autokannibalistische Selbstverstümmelung als Coping-Versuch bei exzessiven Gewalt- und Tötungsphantasien vor.

Hirnorganische Wesensänderung:
Lesch-Nyhan-Syndrom: x-chromosomal rezessiv vererbte Störung des Harnsäure-Stoffwechsels mit Oligophrenie, Muskelhypotrophie, Choreoathetose und Selbstverstümmelung an Lippen und Fingern (Hypoxantin-Guanin-phosphoryl-Transferase-Defekt).
Ferner bei Temporallappenepilepsie, Tumoren im Orbitalhirn oder Hypothalamus etc.

Persönlichkeitsstörungen und sexuelle Perversion
    Der Sitz der Phantasie ist zugleich der Sitz der Furcht. (Leo Perutz)

Nachfolgend werde ich mich kurz mit Hypothesen zur Entstehung der Borderline-Störung, der antisozialen und schizoiden Persönlichkeitsstörung sowie ausführlich mit den Annahmen zur Entstehung und Bedeutung der sexuellen Perversion befassen, da der Vampirismus, Kannibalismus und Autokannibalismus in diesem Zusammenhang als Endpunkt der sexuellen Perversionsbildung gesehen werden können.

Die nachfolgenden Darlegungen fußen stark auf psychodynamischen Betrachtungsweisen menschlicher Entwicklung und menschlichen Verhaltens. Diese Konstrukte zur Erklärung des Bedeutungsgehaltes menschlichen Verhaltens sind bisher am weitesten entwickelt, aber sicher nur als *ein* Baustein im Verständnis einer höchst komplexen Störung anzusehen.

Ich möchte aber ausdrücklich anmerken, daß menschliches Verhalten stets mit den neurophysiologischen Funktionsweisen des Gehirns korreliert und davon untrennbar ist und komme daher zunächst auf biologische Grundlagen menschlichen Verhaltens und auf neurobiologische Grundlagen menschlichen Bindungsbedürfnisses zu sprechen.

Bereits durch Hess (1949) ist bekannt, daß bei Säugetieren durch die direkte elektrische Stimulation tiefer Hirnstrukturen (Hypothalamus, Mandelkerne) phylogenetisch alte, instinktive Verhaltensmuster ausgelöst werden können, insbesondere auch Aggressionen. Im physiologischen Ablauf werden die Funktionen solcher tiefliegenden Hirnstrukturen vom limbischen System gesteuert (Hippocampus, Parahippocampus, Orbitalkortex, Mandelkernrinde). Die Sinnesinformationen, die durch die Hirnrinde aufgenommen werden, bedingen dann über die Aktivität des limbischen Systems die entsprechende Steuerung archaischer Verhaltensweisen. Aggressionsrelevante neuronale Strukturen werden gehemmt oder aktiviert. Durch krankhafte hirnorganische Prozesse in diesen Arealen kann eine schwere Störung des emotionalen Verhaltens mit erheblicher Aggressivität entstehen. Tierexperimente zeigen z.B., daß die Stimulation von Mandelkernen zur Aggression führt, die Zerstörung derselben jedoch zum völligen Erlöschen von Aggression.

Einige Untersuchungen, die sich mit morphologischen Auffälligkeiten des Gehirns bei schweren Gewalttätern befassen, zeigen: Auffälligkeiten werden vorwiegend im basalen Bereich des Stirnhirns und im mittleren Schläfenhirn beschrieben, in Hirnstrukturen also, die funktionell eng mit dem limbischen System verbunden sind. Das bedeutet aber auch, daß Menschen, die in diesem Bereichen des Gehirns strukturelle oder funktionelle Auffälligkeiten zeigen, bereits auf Reize mit archaischer Aggression reagieren, die beim Hirngesunden nicht zu Aggression führen.

Es soll daraus nicht abgeleitet werden, daß es eine monocausale Beziehung von Gewalttaten zu hirnstrukturellen Auffälligkeiten gibt, sondern interessant ist vielmehr die Frage, wie die psychodynamischen Hypothesen zur Persönlichkeitsentwicklung des Menschen in Einklang gebracht werden können mit Erkenntnissen der Neurobiologie. In welcher Weise beeinflußt frühe und früheste emotionale Vernachlässigung, negative emotionale Zuwendung oder Zeugenschaft schwerer Gewalt die strukturelle und funktionelle Entwicklung des Gehirns und die daraus später ableitbaren Verhaltensauffälligkeiten bis hin zum sexuellen Sadismus? Driessen et al. (2000) konnten bei früh Traumatsierten Volumenminderungen von 10 bis 15 % im Bereich des limbischen Systems feststellen.

Bogerts (2001) zu Prinzipien der frühen Plastizität von Hirnstruktur und funktion:
- Sensorische und emotionale Deprivation in frühen postnatalen vulnerablen Lebensphasen führt zu irreversiblen strukturellen und funktionellen hirnbiologischen Veränderungen.
- Frühe funktionelle Aktivierung führt zu einer dauerhaften Funktionsverbesserung.
- Eine durch frühe Deprivation bedingte Minderentwicklung von Hirnfunktionen ist durch spätere Aktivierung kaum noch korrigierbar.
- Nach Abschluß früher sensibler Phasen verursachte deprivationsbedingte Defizite sind vergleichsweise gering.

Es liegt sehr nahe, daß es sich bei den Phänomenen, die die Ojektbeziehungstheoretiker beschreiben, letztlich um neurobiologisch fassbare Ereignisse im menschlichen Gehirn handelt, die für die weitere Ausdifferenzierung der cerebralen Struktur und damit für die Wesensbeschaffenheit des Menschen bedeutsam sind.

Grawe (2004) beschreibt in seinem Buch zur Neuropsychotherapie folgende Erkenntnisse anhand von Tierversuchen:

Läßt man junge Küken oder Rhesusaffen in fremder Umgebung alleine, so stoßen sie dem Weinen ähnliche Klagelaute aus und suchen verstärkt ihre Umgebung ab. Es werden vermehrt Streßhormone ausgeschüttet, der Herzschlag beschleunigt sich. Dieser neuronale Schaltkreis wird von Panksepp (1998 zit. nach: Grawe 2004) als Panik-Schaltkreis bezeichnet. Durch Elektrostimulationsversuche fand man heraus, daß der Ausgangspunkt für diesen Schaltkreis ganz in der Nähe des Schmerzzentrums liegt, so daß hier von einem Trennungsschmerz-System gesprochen wird, welches sich offenbar aus dem Schmerzzentrum entwickelt hat. Der Panik-Schaltkreis überlappt sich dabei mit anderen Schaltkreisen, die für die Ausschüttung diverser Streßhormone zuständig sind. Interessant ist, daß die Aktivierung des Panik-Schaltkreises mit zunehmendem Alter abnimmt und durch Testosterongaben schon bei jungen Tieren reduziert werden kann. Bei Männern resp. bei männlichen Kindern scheint dieser Schaltkreis also rascher zu verstummen.

Eine beruhigende Wirkung auf dieses Trennungsangstsystem haben Oxytocin und Prolactin sowie (körpereigene) Opiate. Diese sind wiederum verantwortlich für mütterliches Fürsorgeverhalten.

Bei einer guten Beziehung zwischen Mutter und Kind werden nun all diese Stoffe reichlich ausgeschüttet. Da diese Stoffe gedächtnisfördernd sind,

nimmt man an, daß alle Wahrnehmungen auf der gesamten körperlich-sinnlichen und emotionalen Ebene besonders gut im Gedächtnis gespeichert werden.
Wenn ein Kind bei Angst Schutz bei der Mutter sucht, kommt es zur Ausschüttung von Oxytocin und körpereigenen Opiaten. Hierdurch kann die Angsterfahrung auf biochemischem Wege gehemmt und ein Sicherheitsgefühl erzeugt werden.
Fehlt es an positiver Beziehungsgestaltung, kommt es nicht zur Bahnung dieses Systems und Kinder sind viel schwerer zu beruhigen.
Dieser Mechanismus wird auch dafür verantwortlich gemacht, daß man bei Kindern mit frühen Bindungsstörungen erhebliche Probleme in der Emotionsregulation beobachten kann.
Dies wäre ein neurobiologisches Korrelat für eine sogenannte frühe Störung, die vor aller Alltagserfahrung und weit vor der Verbalisationsfähigkeit entsteht.

Trennt man junge Tiere länger von der Mutter, sistieren die Klagelaute und die Aktivität der Protestphase geht in eine Inaktivität der sog. Verzweiflungsreaktion über. Die Tiere zeigen mit Selbstschaukelbewegungen Hospitalismussymptome, wie sie auch beim Menschen beobachtet werden.
Weibliche Rhesusaffen, die ohne Mutter, aber in Peergruppen aufwachsen, zeigen weniger gegenseitiges Körperpflegeverhalten als Tiere, die mit Mutter aufwuchsen und sind später selbst schlechtere Mütter, die ihren Nachwuchs mitunter mißhandelten.

Merkmale der Borderline-Persönlichkeitsstörung, antisozialen und schizoiden Persönlichkeitsstörung

a) Borderline-Persönlichkeitsstörung

Kennzeichen der Borderline-Persönlichkeitsstörung ist eine spezifische Instabilität von Stimmung, Affektivität, Impulskontrolle, Identitätsgefühl und zwischenmenschlichen Beziehungen.
Es handelt sich bei dieser Störung nicht um eine Verlegenheitsdiagnose zwischen Schizophrenie und Persönlichkeitsstörung, sondern um eine klar abgrenzbare Störung, bei der psychotische Episoden nur unter besonders regressionsfördernden Bedingungen vorkommen.

Klinisch kennzeichnend sind eine chronische, frei flottierende Angst, eine polymorph – perverse Sexualität ohne stabile Devianz, leibbezogene Wahrnehmungsstörungen, Depersonalisationserleben, Zwänge, Depression ohne Schuldgefühl, Suizidalität und Selbstverletzung sowie gelegentlich auch optische Pseudohalluzinationen (Rohde-Dachser 1989).

Es gibt sowohl traumabedingte Borderline-Störungen, deren Genese häufig erst in der Kindheit einsetzt, sowie nicht traumabedingte Störungen, deren Genese auf frühe Objektbeziehungsstörungen zurückgeführt wird.

Die bei Borderline-Patienten häufig anzutreffenden Selbstverletzungen unterschiedlichen Ausmaßes dienen der Spannungsabfuhr, körperlichen Selbstvergegenwärtigung, Selbstbestrafung, aber auch der Ausfüllung einer unerträglichen Leere-Erfahrung.
Im Rahmen dieser Verletzungen kann es gar nicht so selten zu autovampiristischen Handlungen kommen.
Bei schweren Borderline-Störungen kann es allerdings auch zur Ausbildung sadistischer Perversionen kommen.
Gleichwohl ist die Ausbildung der sadistischen Perversion nicht an eine Borderline-Störung gebunden, sondern stellt ein eigenständiges Störungsbild dar.
b) dissoziale und psychopathische Persönlichkeitsstörung

Gemäß der Internationalen Klassifikation psychischer Störungen (ICD-10) ist die dissoziale Persönlichkeitsstörung phänomenologisch beschrieben durch
- Dickfelliges Unbeteiligtsein gegenüber Gefühlen anderer
- Andauernde Verantwortungslosigkeit und Mißachtung sozialer Normen und Regeln
- Unvermögen zur Beibehaltung längerfristiger Beziehungen
- Geringe Frustrationstoleranz, niedrige Schwelle für aggressives Verhalten
- Unfähigkeit, Schuldbewußtsein zu erleben und aus Erfahrung zu lernen
- Neigung zu vordergründigen Rationalisierungen für eigenes Fehlverhalten
- Andauernde Reizbarkeit

Der amerikanische Begriff des Psychopath (Hare 1991) bezeichnet eine besondere Persönlichkeitsstruktur von hoher zeitlicher Konstanz, fehlender therapeutischer Beeinflußbarkeit, hochgradiger Manipulationsfähigkeit, pathologischem Lügen, Grandiosität und erheblichem Gefährlichkeitspotential.

Beim Psychopathen wird die eigene Insuffizienz durch fortgesetztes Lügen narzißtisch kompensiert. Er hat einen pathologischen Realitätsbezug ohne realistische Selbst- und Fremdwahrnehmung. Dabei scheint allerdings die primäre Psychopathie deutlich genetisch fixiert zu sein.

Der wesentliche Unterschied des Psychopathen zum Nicht-Psychopathen in Bezug auf das Lügen ist vor allem die Leichtfüßigkeit, mit der er fortgesetzt lügen kann. Durch undiszipliniertes, unkritisches Denken verwischt zudem die Grenze zwischen Lüge und Nicht-Lüge.

Cleckley formulierte bereits 1941, daß es sich bei der Psychopathie um eine Erkrankung handele, deren Schweregrad mit einer Psychose vergleichbar sei, wobei der Betroffene krankhaft unfähig sei, emotionale menschliche Erfahrungen nachzuvollziehen.

Dabei muß betont werden, daß zwar emotionale menschliche Erfahrungen nicht wirklich nachvollzogen werden können, wohl aber menschliches Verhalten sehr gut antizipiert und für manipulative Zwecke genutzt werden kann.

Dabei sind dissoziale Persönlichkeit und psychopathische Persönlichkeiten nicht identisch. Die Dissozialität kann ein Symptom einer zugrundeliegenden Borderline Störung sein, sie kann durch Lernen am Vorbild von dissozialen Eltern übernommen werden und es kann sich um eine bewußte Entscheidung für einen kriminellen Lebensstil handeln, der auf kurzfristige Vorteilnahme aus ist.

Bei dissozialen Personen finden sich häufig ein inkonsistenter Erziehungsstil, zahlreiche frühe Beziehungsabbrüche und klassische soziale Risikofaktoren wie antisoziales Verhalten des Vaters, körperliche Mißhandlung in der Kindheit, Alkoholabhängigkeit der Eltern, jugendliche Überforderung der Mutter sowie ein Mangel an Disziplin und Aufsicht innerhalb der Familie.

Das umfassenste Erklärungsmodell der dissozialen Persönlichkeitsentwicklung hat Rauchfleisch (1981, 1999) unternommen:

Grundlage seiner Ausführungen ist die Bedeutung der frühen Eltern-Kind-Beziehung für die Phase der Individuation, der Ich- und der Selbst-Entwicklung.

Allerdings betont die Säuglingsforschung zunehmend auch die Rolle des Säuglings als aktiv mitgestaltende Person in diesem frühen Beziehungsgefüge.

Der häufige Wechsel von Bezugspersonen führt zur Kernerfahrung, der Umwelt hilflos ausgeliefert zu sein. Die emotionale Distanzierung von zwischenmenschlichen Beziehungen wird zur Überlebensnotwendigkeit.

Das Fehlen konstanter und emotional annehmender Beziehungsobjekte, die auch in der Lage sind, für die jeweilige Entwicklungsphase notwendige Versagungen zu gewähren, führen zu erheblicher Störung der Ich- und Über-Ich-Struktur mit nur brüchiger Moralentwicklung und unterliegender Depression.

Die fehlende Erfahrung gelungener Autonomieentwicklung führt dabei zu einer erheblichen narzißtischen Kränkung und Störung des Selbstwertes.

Die Ursache der höchst rudimentären Moralbildung ist komplex. Einerseits fehlt die empathische Beziehung zu einem Objekt, um dessen Leidvermeidung willen erwünscht gehandelt bzw. auf unerwünschtes Verhalten verzichtet wird.

Auf der anderen Seite finden wir bei Dissozialen zuweilen ein extrem sadistisches, rigides Über-Ich, das die kaum gereifte Ich-Struktur zu erdrücken scheint.

Die frühe Erfahrung der Ablehnung und Bestrafung vermittelt die Grunderfahrung des schlecht seins. Straffälligkeit erscheint dann als fortwährende Inszenierung und Vergewisserung der eigenen Schlechtigkeit und des Bestrafungswunsches.

Als Folge der Selbstentwertung entstehen ebenso immer wieder aufs Neue grandiose Allmachtsphantasien, die in Gewalt münden. Die Fähigkeit zur Normverletzung ist dabei Bestandteil der Allmachtsphantasie.

Andererseits gibt es auch eine ganz plausible lerntheoretische Begründung für die mangelnde Ausbildung von Moral und Gewissen: durch den inkonsistenten Erziehungsstil und die damit unzuverlässige Konditionierung wird letztlich nicht gelernt, was verboten ist und was nicht.

In diesem Zusammenhang stellt sich aber auch hier ganz klar die Frage der biologischen und hirnphysiologischen Mitbedingtheit des Säuglings, Zuwendung zu empfangen und die ihm gebotenen Reize angemessen zu verarbeiten.

Darauf weisen letztlich auch eine Reihe von Zwillings- und Adoptionsstudien hin, die für eine gewisse genetische Disposition zur Ausbildung von Dissozialität sprechen.

Besonders belastet sind allerdings offenbar Kinder von Elternteilen mit Dissozialität und Alkoholismus. Ebenfalls für eine biologische Mitbedingtheit spricht die eindeutige Dominanz von Männern bei Ausbildung der Störung.
Ich verweise auf die vorhin skizzierten biologischen Grundlagen von Bindungsstörungen.

c) schizoide Persönlichkeitsstörung

Die schizoide Persönlichkeitsstörung ist gekennzeichnet durch eine tiefgreifende innere Distanziertheit in sozialen Beziehungen und eine eingeschränkte Bandbreite des Gefühlsausdrucks. Die Personen haben kein Bedürfnis nach engen Beziehungen, nur wenige Tätigkeiten bereiten ihnen Freude (wenn überhaupt), sie sind emotional kalt, distanziert und erscheinen gleichgültig in Bezug auf die Zuwendung anderer. Sie leben allerdings durchaus mit starker Phantasieausgestaltung (sog. „anaesthetische Persönlichkeit") (Typisch für den sexuellen Sadisten mit völliger Gefühllosigkeit und „Anhedonie").

Die Störung zeigt keine unbedingte Beziehung zur Schizophrenie.
Zur Entstehung der Persönlichkeitsstörung werden aus psychodynamischer Sicht wiederum frühe Störungen angenommen, die dem Kind die nahe Erfahrung von Intimität und Zuneigung nicht ermöglicht habe. Andere Hypothesen gehen von einer Störung im „Ärgerausdruck" aus. Verhaltenstheoretische Ansätze betonen ein Kompetenzdefizit im Umgang mit zwischenmenschlichen Beziehungen. Entgegen der psychodynamischen Hypothese einer Mangelsituation gibt es die Hypothese der Verwöhnsituation, die bedingt, daß zwischenmenschliche Stresserfahrungen langfristig vermieden werden (Fiedler 2001).
Als dritte Möglichkeit bleibt noch zu konstatieren, daß es sich möglicherweise auch um eine neurobiologisch bedingte Störung handelt, die erst dazu führt, daß das Kind Zuwendung und Hege nicht angemessen emotional verarbeiten und wahrnehmen kann (Rezeptorstörung).

d) schizotypische Persönlichkeitsstörung

Die schizotypische Persönlichkeitsstörung ist gekennzeichnet durch Kommunikationsstörungen, Beziehungsideen und selbstbezogenes Denken, Argwohn, paranoide Ideen, magisches Denken und einen distanziert-kühlen

Rapport sowie soziale Isolierung. Dabei ist hier die Nähe zur Schizophrenie und insbesondere zur schizophrenen Primärsymptomatik deutlich.

Kannibalistische Handlungen sind hier im Rahmen eher magisch-mystischer Phantasiebildung möglich.

Aus der Tatsache, daß bei den meisten schwerwiegenden Persönlichkeitsstörungen aus pychodynamischer Sicht sog. frühe Störungen angenommen werden und sich doch aus diesen frühen Beziehungsstörungen so unterschiedliche Phänomene ableiten lassen, könnte um so mehr gefolgert werden, daß die Variante der frühen Störung, die sich bei einem Menschen ausbildet, von seiner biogenetischen Disposition abhängen könnte.

Hypothesen zur Entstehung und Bedeutung der sexuellen Perversion, speziell Sadismus

Wir kennen als sexuelle Perversionen den Voyeurismus, Exhibitionismus, Fetischismus, Frotteurismus, die Pädosexualität, die Sodomie, den Piqueurismus, die Asphyxiophilie, die Koprophilie/ Urophilie (Sonderform des Masochismus), den Masochismus, den Sadismus, die Nekrophilie und den Kannibalismus bzw. Autokannibalismus.
(Die ICD-10 faßt Frotteurismus, Sodomie, Koprophilie, Nekrophilie u.ä. unter „andere Störungen der Sexualpräferenz" F 65.8), Kannibalismus wird nicht erwähnt.)

Stoller (1998) unterscheidet bei sexuellen Abweichungen zwischen *Varianten* und *Perversion* mit dem Ziel der Feindseligkeit.

Unter Abweichung versteht Stoller „eine erotische Technik oder eine Verknüpfung von Techniken, die man an Stelle des vollständigen Sexualaktes anwendet und die sich von der jeweiligen kulturbedingten Definition des Normalen unterscheidet".
Varianten bzw. Deviationen sind dabei Abweichungen, die nicht primär verbotene Phantasien inszenieren.
Perversion hingegen als „erotische Form von Haß" zielt darauf, dem Objekt Schaden zuzufügen. Die in der Perversion liegende Feindseligkeit nimmt nach Stoller Rachephantasie an. Um höchste Erregung hervorzurufen, muß die Perversion ein riskantes Unternehmen sein.

Reine „Aggression" hingegen unterscheidet sich von der Perversion dadurch, daß sie auch rein ungestüme Gewalt sein kann.

Vierstufiges Modell nach Schorsch (1977) zur Entwicklung sexueller Perversionen:

Stufe 1   Abweichende sexuelle Phantasie ist ein intensiver, aber einmalig oder sporadisch auftretender Impuls. Außerhalb der Krise wird die Phantasie oder der Impuls nicht erlebt.
Stufe 2   Abweichende sexuelle Phantasie dient der regelmäßigen Bewältigung schwerer Konflikte (Wiederholung bei Lebenskrisen).
Stufe 3   Ohne abweichende Phantasie kann Sexualität kaum noch erlebt werden. Ein Bezug zu auslösenden Krisen ist nicht erkennbar.
Stufe 4   Die abweichende sexuelle Phantasie muß ausgestaltet, intensiviert werden, neue Rituale kommen hinzu, das zeitliche Ausmaß nimmt zu (Giese (1962) „Verfall an die Sinnlichkeit").

(Stufe 3 und 4 stellen eine stabile, fixierte Perversion dar).

Schorsch hat ausgeführt, daß sexuelle Perversionen Kompensationsfunktion haben. Sie sind Inszenierungen mit dem Ziel der vorübergehenden Angst- und Spannungsreduktion. Grundthemen der Perversion können eine brüchige männliche Identität, ein Triumph von Potenz und Macht, Suche nach Nähe und Wärme, Abwehr von Ängsten vor Verschlungenwerden durch die Frau oder Ängsten vor Verlassenwerden sein (Schorsch et al. 1996).
Der spezifische Abwehrmechanismus all dieser Bedürfnisse und Ängste ist die Sexualisierung. Eine forcierte Sexualisierung, auch z.B. intensive Promiskuität, gilt dabei immer als Hinweis auf abgewehrte starke Ängste.

Bei Menschen mit einer perversen Symptombildung erfolgt aber die Kompensation nicht durch „normale" Sexualität, weil auch diese angstbesetzt ist. Die Sexualität muß in ihrer perversen Art letztlich intimitätsverhindernd sein.
Dabei geht man mittlerweile davon aus, daß es sich bei der Perversionsbildung um eine sehr frühe Entwicklungsstörung in einer zeitlich sehr frühen Phase der Individuation handelt (Vgl. Morgenthaler, Kohut, Winnicott, Khan).
Außerhalb der Perversion ist die Persönlichkeit von ihren Ängsten, Impulsen und aggressiven Strebungen entlastet.

Dabei erscheint zum Verständnis die Theorie zur männlichen Entwicklung nach Stoller hilfreich:
In der sehr frühen Phase der Individuation erlebt das männliche Kind sich mit der Mutter, also mit einer weiblichen Person, verschmolzen. Seinen eigenen Körper und seine eigene Psyche nimmt das männliche Kind noch nicht als getrennt von der Mutter wahr. Im Laufe des Individuationsprozesses muß der Knabe wahrnehmen, daß er einen eigenen, anderen Körper hat als den der Mutter und er muß sich von der Mutter loslösen und seine Entwicklung zum Mann-sein durchmachen.
Aus psychodynamischer Sicht ist also der primäre Zustand eine gewisse Form „rudimentärer Weiblichkeit".
Die Entwicklung eines männlichen Ichs kann sich nur gegen das Einssein mit der Mutter durchsetzen. Dies ist aber nur dann ungestört möglich, wenn die Mutter diese Individuation zuläßt. Dieser erste Entwicklungsschritt wird bereits mit dem Ende des ersten Lebensjahres angenommen. Als Symbioseangst wird nach Stoller die männliche Furcht vor Bedrohung ihrer Männlichkeit gesehen und die fortwährende Notwendigkeit, sich gegen eine neuerliche Verschmelzung mit der Mutter zu wehren. Ein inneres, primitives Verlangen nach Einssein mit der Mutter muß „in Schach gehalten werden."
Die „gute Mutter" muß um der männlichen Entwicklung willen letztlich in eine böse Mutter verwandelt werden.
Im perversen Ritual wie auch im Kannibalismus als Bestandteil eines perversen Rituals kehrt das Motiv von der Zerstörung des bösen Objektes wieder. Im Kannibalismus allerdings kann durch Aufnahme des Fleisches des Opfers auch eine symbiotische Phantasie wieder hergestellt werden.

Definitionen des Sadismus:

ICD-10:
„Sadomasochismus": Es werden sexuelle Aktivitäten mit Zufügung von Schmerzen, Erniedrigung oder Fesseln bevorzugt. Wenn die betreffende Person diese Art der Stimulation gerne erleidet, handelt es sich um Masochismus, wenn sie sie jemand anderem zufügt, um Sadismus....

DSM IV:
In einem Zeitraum von mindestens 6 Monaten immer wiederkehrende, intensive, sexuelle erregende Phantasien, als sexueller Drang oder als Verhaltens... in denen sich das psychische oder physische Leiden der Opfer für den Betroffenen als sexuell stimulierend darstellt.

Drei Kategorien des Sadismus nach Ludwig (in: Fink 2001)
- Nicht-sexueller Sadismus:
  Persönlichkeit, die ihre Umwelt schikaniert, autoritätsfanatisch ist, Gehorsam einfordert und rasch straft.
- Sexueller Sadismus:
  Demütigung und Mißhandlung des Sexualpartners als Vorbereitung zum Geschlechtsakt.
- Perverser Sadismus:
  Weiterentwicklung des Quälens und Demütigens bis hin zur Tötung mit psychischem Zwang zur Wiederholung der Tat.

Unterscheidung in inklinierten (freiwilligen) und periculären (gefährlichen) Sadismus (Fiedler 2004):

Beim inklinierten sexuellen Sadismus handelt es sich nicht um eine paraphile, sondern harmlose Neigung, bei der im Konsens mit dem Partner Spiele ausgeübt werden.

Beim periculären Sadismus handelt es sich um die zwanghafte Form perversen Sadismus, deren Kontrolle dem Betroffenen entgleitet. Kennzeichnend ist die fließende Grenze zwischen Phantasietätigkeit und Handlungsausführung.

Dabei gilt, daß eher die Gewalttätigkeit selbst in der Phantasie sexuell erregend ist als die sexuelle Handlung. Untersuchungen zeigen auch, daß sexuell sadistische Täter daher häufig Gewaltmaterial aller Art und nicht streng pornographisches Material als Stimulanz bevorzugen.

Der sexuelle Sadist erfährt Befriedigung in der totalen Beherrschung des Sexualobjektes.

Durch Erniedrigung und Folter soll der Wille des Objektes gebrochen, eine totale Gefügigkeit und Abhängigkeit erzeugt werden. Durch diese absolute Asymmetrie im Machtverhältnis gelangt der Sadist in Bezug auf das Opfer in eine Gott-gleiche Position. Die Gottgleichheit wird durch die totale Macht über Leben und Sterben und die Art des Sterbens erzeugt. Intimität wird durch Macht und Kontrolle ersetzt.

Der sexuelle Sadist vermeidet Intimität, weil diese in ihm Ängste und Bedrohlichkeit auslösen. Die totale Kontrolle über das Opfer erzeugt beim Sadisten Sicherheit.

Die Zufügung von Schmerzen und Qualen ist dabei nicht der Kernpunkt sexueller Befriedigung, sondern lediglich das notwendige Werkzeug, um über das Opfer totale Macht und Kontrolle zu erlangen.
Das eigentliche sexuelle Lusterleben kann beim Ritual zurücktreten und auch ganz durch das Quälen und Zerstückeln ersetzt werden.
Tötung, Zerstückelung oder – wie beim Kannibalismus – die Einverleibung sind an und für sich sexuelle Handlungen und führen zu sexueller Erregung.

Morgenthaler sieht die sexuelle Perversion als Folge einer frühkindlichen Entwicklungsstörung aufgrund einer symbiotischen Mutter-Kind-Beziehung an.
Ich erinnere hierbei an die Überlegungen von Stoller zur Entwicklung von Männlichkeit.
Die Perversion hat die Funktion einer Plombe, die die Gefühle von Sinnlosigkeit und Leere ausfüllt.
Interessant ist in diesem Zusammenhang, daß das Kind um so mehr Aggression zur Loslösung von der Mutter benötigt, je weniger der Vater präsent ist.
In Gesellschaften, in denen es lange Stillzeiten, lange Zeiten des gemeinsamen Schlafens mit der Mutter und abwesende Väter gibt, finden sich besonders aggressiv aufgeladene Initiationsrituale.
Stollers Ansatz zum Verständnis der Perversion betont zwei klinisch wichtige Faktoren: Kern der Perversion sind Wut und Haß. Dabei weist die Perversion auf in der Kindheit erlittene Demütigungen hinsichtlich der Geschlechtszugehörigkeit (z.B. Fall Meiwes) hin. Inhalt der Perversion ist die gestörte männliche Identitätsentwicklung. Infolge kindlicher Drangsalierungen kommt es zu einer Verknüpfung von Feindseligkeit und Sexualität. In dem perversen Ritual wird die erlittene Kränkung und Niederlage verleugnet, ungeschehen gemacht und in ihr Gegenteil, in den Triumph von Macht überführt.
Allerdings sei angemerkt, daß es bei der Perversionsbildung nicht immer nur um eine gestörte sexuelle Identitätsbildung geht, sondern um eine gestörte Identitätsbildung allgemein.

Je nach Ausmaß der zugrundeliegenden Ängste und der Größe des Persönlichkeitsdefekts reicht ein sporadisches Auftreten der Perversion oder aber bei der Stufe der Progredienz kann die zunehmende intrapsychische Spannung immer weniger durch Sexualisierung gebannt werden. Die innere

Spannung wird immer drängender, immer rastloser wird nach Entlastung gesucht.
Dabei gilt, je abnormer die Praktik, desto intensiver ist die Phantasietätigkeit.

Zum Bedeutungsgehalt der sexuellen Perversion sind folgende Aspekte zu nennen:
- Demonstration von Männlichkeit
- Wut und Haß
- Omnipotenz
- Kompensation innerer Leere
- Vermeidung echter Genitalität
- Oppositioneller Ausbruch
- Projektive Identifikation

Für die sadistische Perversion sind Demonstration von Männlichkeit, Wut und Haß, Omnipotenzerleben, sowie Kompensation innerer Leere bedeutsam.

Demonstration von Männlichkeit sowie Wut und Haß sind eng miteinander verknüpft.
Je stärker die Männlichkeitsthematik inszeniert wird, desto stärker ist die Gewalt. Dabei gilt die Wut letztlich der Mutter, weil diese als besonders behindernd in der Entwicklung der Autonomie und Männlichkeit erlebt wurde. Als kritische Phase wird vor allem die erste Zeit der Separation angesehen, wenn ein empathisches Eingehen der Mutter auf die Bedürfnisse des noch sehr kleinen Kindes nicht geleistet werden kann.
Wut und Haß zeigen sich dann in der Entpersönlichung des Opfers und in dem Erleben des Triumphes angesichts der völligen Hilflosigkeit und des Ausgeliefertseins des Opfers.
Eine gestörte männliche Identitätsbildung kann allerdings nicht nur durch eine behindernde Beziehung zur Mutter entstehen, sondern auch dann, wenn Vaterfiguren als gewaltsam, bedrohlich und übermächtig erlebt werden und Väter ihre Söhne als Rivalen entwerten und bekämpfen.

Omnipotenzerleben kommt bei schwerst gestörten Patienten vor, die sich in menschlichen Beziehungen ständig bedroht und in ihrer Autonomie angegriffen erleben.
Das perverse Ritual muß dabei festen Regeln unterliegen, die notwendig sind, die eigene, fehlende Abgrenzungsfähigkeit zu ersetzen. Das Opfer

muß ein hilfloses Ding sein, das sich ganz den eigenen Phantasien anpaßt. In der Omnipotenz werden die Defizite an Fürsorge, Liebe und narzißtischer Zuwendung verleugnet.

„Die auf diese Weise dinghaft abgespaltene Ausdrucksmöglichkeit menschlicher Grundbedürfnisse nach narzißtischer Bestätigung der Person... muß zwanghaft zerstört werden, weil kein ich-eigener Erlebnis-und Erfahrungsspielraum für eine lebendige, wechselseitige Beziehung und Ich-Reifung vorhanden ist.... Beziehungsversuche kommen immer in die gefährliche Nähe einer völligen Vereinnahmung und Diffusion aller Körper-Ich-Grenzen als Folge der pathologischen Primär-Erfahrung" (Keller-Husemann 1983).

Während die eigene Ohnmacht im Ritual in Macht verkehrt wird, erleidet das machtlose Opfer stellvertretend für den Täter die der Perversion zugrundeliegende empfundene Machtlosigkeit.

Das Kompensationsbedürfnis innerer Leere weist auf frühe Deprivation hin und auf die Unfähigkeit, konstante Beziehungen einzugehen. Die Perversion wird hier zum Ersatz für nicht erlebbare bzw. nicht verfügbare menschliche Nähe. Ziel ist, von der Umgebung emotional so unabhängig und so unbedürftig zu werden, daß man nicht mehr enttäuscht werden kann.

Dabei bekommt die Perversion gewissermaßen die Funktion eines andauernden Übergangsobjektes, so wie ein Übergangsobjekt (z.B. Stofftier) dem Säugling für eine gewisse Zeit ermöglicht, die Trennungsangst zu überwinden, wenn die Mutter nicht da ist. Während in der gesunden Entwicklung diese Phase jedoch vorübergehend ist, bleibt sie bei der früh gestörten Persönlichkeit konstant erhalten. Gleichzeitig wird durch das Erleben der sexuellen Lust in der Perversion die Person in ein Hochgefühl versetzt, welches das Depressionsgefühl der inneren Leere verdrängt.

Der oppositionelle Ausbruch zeigt sich häufiger bei Personen, die äußerlich in eine hoch angepaßte soziale Existenz gepreßt sind. Häufig gibt es im sozialen Nahfeld dominante Frauen. Die Perversion hat hier die Funktion, „Lebendigkeit" und „Autonomie" zu retten. Wut über die dominante Partnerin kann in der perversen Parallelwelt abgelassen werden, ohne die schützenden Aspekte der rigiden Alltagswelt zu verlassen. Häufig wird das perverse Symptom als etwas „Krankes", von sich Abgespaltenes erlebt.

Die projektive Identifikation und Vermeidung echter Genitalität spielen eher eine Rolle bei pädosexuellen Delikten, Vermeidung von Genitalität auch bei Exhibitionismus, Voyeurismus und Fetischismus.

Ich habe mich soeben weitgehend auf die besonders ausführlichen Überlegungen von Stoller zur Perversionsbildung bezogen.
Fiedler weist allerdings darauf hin, daß keinesfalls immer Überlegenheitsgefühle durch Erniedrigung der Opfer eine Rolle spielen müssen. Ebenso widersprüchlich sind auch die Befunde der Selbst-Erfahrung besonderer Männlichkeit bei der Tat.

Ein neues Erklärungsmodell für die Entwicklung einer sexuell sadistischen Perversion ist das Integrationsmodell von Arrigo und Purcell (2001).

Dabei wird davon ausgegangen, daß sich die Entwicklung zu sadistischen Neigungen in der Kindheit oder auch in der Jugend bzw. Präpubertät entwickelt.
Dabei geht man von sog. prädispositionellen Faktoren und traumatischen Ereignissen aus.

Unter prädispositionellen Faktoren werden verstanden:
- Dysfunktionaler Erziehungsstil
- Soziale Mangelkompetenzen
- Biologische und genetische Disposition zu sexuellen Präferenzen

Unter traumatischen Ereignissen werden Gewalterfahrungen und Vernachlässigung subsummiert.
Dysfunktionale Erziehung führt dazu, daß die Betroffenen kein positives Selbstbild von sich erlangen können. Sie können sich daher auch Dritten gegenüber nicht wertschätzend verhalten, fühlen sich selbst abgelehnt und flüchten sich infolge der sozialen Isolation in Tagträume mit Größenphantasien.
Die soziale Isolation in der Präpubertät und Pubertät bewirkt sexualisierte Ersatzphantasien, während andere Gleichaltrige die ersten realen sexuellen Erfahrungen machen. Einsamkeit und Masturbation mit zunehmender Fixierung auf ungewöhnliche Inhalte schaukeln sich auf. Häufig werden zunächst andere Paraphilien ausgebildet, wie Voyeurismus und Fetischismus.
Die zunehmende Phantasietätigkeit führt zu einer immer weiteren Entfernung von der sozialen Realität. Die Inhalte werden immer entgrenzter. Aggression und Sexualität verbinden sich immer mehr. Auch dieses Entste-

hungsmodell der Perversion bezieht sich auf die zunehmenden Vorstellungen von Macht, Überlegenheit und Rachegefühle als Inhalte der Phantasie. Allerdings wird über die Masturbation und damit über die erfüllende körperliche Erfahrung die Ausbildung sadistischer Phantasien als Lernerfahrung gesehen (positive Verstärkung).
Als Risikofaktoren für eine weitere Enthemmung werden dann Alkohol und Pornographiekonsum genannt.

Funktion des Kannibalismus:

- Rache
- Entwürdigung
- Totale Macht
- Verschmelzung („Einssein")
- Kompensation eigener Leere

Die Funktion der Nekrophilie unterscheidet sich danach etwas von der des Kannibalismus (Rosman u. Resnick (1989) in Fiedler 2004):

- Partner, der einen nicht zurückweist
- Genuine sexuelle Vorliebe für Leichen
- Überwinden innerer Einsamkeit
- Überlegenheit dem Partner gegenüber

Psychodynamische Betrachtungsweisen:

In den Eltern-Kind-Spielen mit kannibalistischen Zügen spiegelt sich wieder, daß sehr kleine Kinder den Wunsch haben, sich die Quelle von Ärger einzuverleiben und so zu vernichten. Eine Arrettierung der psychosexuellen Entwicklung auf einer solchen oralen Stufe führt zu Zerstörungs- und Vernichtungslust.
Eine weitere Hypothese besagt, daß die kannibalistische Gier auf die mangelnde Bemutterung in der Kindheit zurückgeht. Diese ungestillte Gier wird auf die Frauen projiziert, sie werden als aussaugend, ausnehmend, ausbeuterisch und bedrohlich erlebt. Mit dem Neid auf die versorgenden Möglichkeiten der mütterlichen Frau wird gleichzeitig Haß verknüpft, der sich in kannibalistischen Phantasien auf die Frau äußert. Ein Verharren oder eine

Regression auf die orale Phase der Triebentwicklung führt zu Geschlechterneid und kannibalistischen Impulsen.
Es besteht eine Angst vor Auflösung der eigenen Person im Orgasmus, ohne etwas „zurückzubekommen".
Bei einer Regression auf eine kannibalistische Stufe wird das verloren gegangene Liebesobjekt einverleibt.
Mit der projektiven Verarbeitung eigener kannibalistischer Regungen hat sich M. Klein beschäftigt. Das Kind hat dabei den Wunsch, die Mutter zu beißen, zu verschlingen. Durch Projektion des aktiven oral-sadistischen Wunsches auf ein Elternteil entwickeln sich Ängste vor dem Gefressenwerden. Laut Melanie Klein gehen alle paranoiden Ängste auf die Projektion eigener aggressiver Regungen auf Dritte zurück. Im perversen Sexualakt können diese projektiven Ängste durch den Kannibalismus wieder rückabgewickelt und die kannibalistischen Regungen reaktiviert werden.
Dabei kommt den Zähnen die Funktion eines quasi zerstörenden, penetrierenden Genitalersatzes zu.

Durch Sexualisierung eines archaischen Kannibalismus kann auch eine subjektiv empfundene Verschmelzung mit dem Opfer stattfinden. Es handelt sich dabei allerdings um ein absurdes Verlangen nach vollkommener Nähe.
Das Verspeisen selbst bekommt dabei eine sexuelle Qualität, ist Bestandteil der sexuellen Erfüllung.
Kannibalismus kann auch als Folge primär autokannibalistischer Phantasien entstehen. Andererseits kann sich der Kannibalismus auch in den Autokannibalismus als Form der ekstatischen Selbstzerstörung wandeln.
Letztlich kommt es zu einem solchen Phänomen, wenn auch der Kannibalismus nicht mehr ausreicht, die unerträglich gewordene innere Spannung zu befrieden.

Abschließend sei noch einmal zusammengefaßt, daß kannibalistische Handlungen im psychiatrischen Kontext längst nicht nur Bestandteil sexueller Perversionen sind, sondern grundsätzlich auch bei anderen psychischen Störungen auftreten können.
Und damit wir auch zum Schluß wieder zu einer Verbindung zwischen Kriminalität und Kultur kommen, zitiere ich zwei Auszüge aus Thomas' de Quinceys Ausführungen zum „Mord als eine schöne Kunst betrachtet":

Zu den Ratcliff-Highway-Morden von John Williams im Jahre 1812

„John Williams, der gelegentlich als Matrose an Bord verschiedener Indienfahrer gedient hatte, war vermutlich von Hause aus eine echte Teerjacke, alles in allem aber sicherlich ein sehr gewandter Mensch... So abstoßend seine Erscheinung aber auch gewesen sein mag, muß er es, den übereinstimmenden Aussagen vieler Zeugen ... nach, doch verstanden haben, durch glattes, einschmeichelndes Benehmen den gespenstischen Eindruck seiner Gesichtszüge vergessen zu machen, und das kam ihm bei unerfahrenen jungen Mädchen zugute.

Ein umschwärmtes junges Ding, das er zweifellos zu ermorden beabsichtigte, sagte aus, daß er sie einmal unter vier Augen gefragt habe: „Was würden Sie sagen, Miß. R., wenn ich um Mitternacht, mit einem Tranchiermesser bewaffnet, neben Ihrem Bette stände?" Und das vertrauensselige junge Mädchen antwortete. „Wenn es ein anderer wäre, Mr. Williams, würde ich vor Entsetzen außer mir sein. Doch sobald ich *Ihre* Stimme höre, wäre ich ganz beruhigt."...

und

„Alles Unheil wiederholt sich. Ein Mörder, dessen tierische Blutgier eine eigenartige Form unnatürlicher Wollust ist, kann nicht auf einmal der Befriedigung seiner Gelüste entsagen. Solch ein Mensch findet, fast mehr noch als der Gemsjäger in den Alpen, einen prickelnden Reiz darin, die Gefahren seiner Tätigkeit, denen er oft nur um Haaresbreite entgeht, immer von neuem zu suchen, um seinem faden Alltagsleben etwas Würze zu verleihen..."

Literatur

B. BOGERTS: Gewalttaten aus der Sicht der Hirnforschung. In: Forensische Psychiatrie und Psychotherapie. Werkstattschriften. 11. Jg. 2004, Heft 3 Pabst Publishers

M. DRIESSEN, J. HERRMANN, K. STAHL, M. ZWAAN, S. MEIER, A. HILL, M. OSTERHEIDER, D. PETERSEN: Magnetic Resoncance Imaging Volumes of the Hippocampus and the Amygdala in Women With Borderline Personality Disorder and Early Traumatization. Arch Gen Psychiatry, 57, 2000, pp.1115-1122

P. FIEDLER: Persönlichkeitsstörungen. Beltz-Verlag, 5. Aufl., 2001

P. FIEDLER: Sexuelle Orientierung und sexuelle Abweichung. Beltz-Verlag 2004

P. FINK: Immer wieder töten. Verlag Deutsche Polizeiliteratur 2001

A. GERLACH: Kannibalistische Liebe, Kannibalistischer Haß. In: Hedwig Röckelein (Hrsg): Kannibalismus und europäische Kultur. Edition Diskord, Tübingen 1996

H. GIESE: Psychopathologie der Sexualität. Enke Verlag 1962

H. GIROD: Der Kannibale-Ungewöhnliche Todesfälle aus der DDR. Das neue Berlin Verlagsgesellschaft mbH 2000.

K. GRAWE: Neuropsychotherapie. Hogrefe Verlag 2004 10. U. Keller-Husemann: Destruktive Sexualität. Krankheitsverständnis und Behandlung der sexuellen Perversion. Ernst Reinhardt-Verlag München 1983

H. RICHTER-APPELT, A. HILL (Hrsg.): Geschlecht zwischen Spiel und Zwang. Psychosozial-Verlag 2004

C. ROHDE-DACHSER: Das Borderline-Syndrom. Verlag Hans Huber 4. Aufl., 1989

T. SCHIRRMACHER. Völker – Drogen – Kannibalismus. Verlag für Kultur und Wissenschaft. Bonn 1997

E. SCHORSCH, G. GALEDARY, A. HAAG, M. HAUCH, H. LOHSE: Perversion als Straftat. Enke Verlag 2. Aufl. 1996

R. J. STOLLER: Perversion. Die erotische Form von Haß. Psychosozial Verlag 1998

Von der Fantasie zur Tat – Tierquälerei

Alexandra Stupperich

Zusammenfassung

Der Zusammenhang zwischen Tierquälerei und Gewaltdelinquenz wird seit den 90er Jahren bekannt und ist mittlerweile in zahlreichen Studien nachgewiesen. Insbesondere zwei Hypothesen werden diskutiert: Ist Tierquälerei eine Facette von dissozialem Verhalten, welche gemeinsam mit vielen anderen, wie Vandalismus, Substanzmissbrauch und Kleinkriminalität auftritt, oder handelt es sich bei Tierquälerei um eine erste Etappe auf dem Weg in die gewaltkriminelle Karriere?

Schlüsselwörter

Entgegen aller Vorhersagen aus den 60er Jahren des letzten Jahrhunderts leben heute im sozialen Umfeld des Mitteleuropäers mehr Tiere denn je. Jedoch wurde das „Haustier", definiert durch seine (landwirtschaftliche / industrielle) Nützlichkeit, vom „Heimtier" abgelöst, welches seinen Platz und eine soziale Rolle im sozialen Bezugsfeld des Menschen einnimmt. Ein Heimtier wird von seinem Besitzer personifiziert: Es erhält einen Namen und prägt dessen Lebenszielpräferenzen. Ganz anders als bei Nutztiere, sozialisieren sich Heimtierhalter mit ihren vierbeinigen Hausgenossen. Nun hat das Phänomen des Heimtieres zwar in den letzten Jahren an Bedeutung zugenommen – allein in Deutschland leben laut Aussage des Industrieverbandes Heimtierbedarf (IVH) derzeit 23,1 Millionen Hunde, Katzen, Vögel und Kleintiere -, jedoch kann es auf eine lange Tradition zurückblicken. Schon vor 4000 Jahren hielten sich Adelige im alten Ägypten Katzen. Bei den Altchinesischen Kaisern waren Hunde beliebt. Die Welpen wurden von menschlichen Ammen umsorgt und besaßen als erwachsene Tiere ihre eigene Dienerschaft. Schriften der Römer und Griechen zeugen von innigen Beziehungen zu ihren Heimtieren. Bei den adeligen Damen des europäischen Mittelalters waren „Schoßhündchen" beliebte Gesellschafter. Heimtierhaltung, wie wir sie heute kennen geht schließlich auf die viktorianische Zeit zurück. Damals wurden in der Oberschicht Heimtiere als „Verbindung zur oder Herrschaft über die Natur" angesehen. Heimtierhaltung war ein Privileg. Der Unterschicht erlaubte man sie nicht. In der heutigen Gesellschaft kann sich jedermann ein Heimtier anschaffen, auch wenn die Haltung großer oder gefährlicher Hunde mittlerweile einen Sachkundenachweis erfordert. Die zu Grunde liegenden Mechanismen der Heimtierhaltung skizziert WILSON (1984) in seinem Biophiliekonzept. Er spricht von einer evolutionär verankerten Neigung des Menschen nach Kontakt mit Tieren und der Natur. In dieser Interaktion mit dem Tier sei es möglich, grundlegende Bedürfnisse, wie zum Beispiel das nach Bindung und Vergesellschaftung zu befriedigen. Aber auch eher egozentristisch ausgerichtete motivationale Ziele wie zum Beispiel das nach Macht und Kontrolle lassen sich über Tiere erreichen, während sie im menschlichen Miteinander eher schwer umzusetzen oder sogar illegal sind. Von den zwei Seiten der interaktiven Medaille wird sich dieser Artikel mit der „dunklen Seite" der Tierhaltung, nämlich der Tierquälerei beschäftigen.

Am augenscheinlichsten ist das Phänomen im Kindes- und Jugendalter. Ende des 19. und Anfang des 20. Jahrhunderts gab es eine kleine Anzahl von Studien, die sich mit dieser Erscheinungsform von gewalttätigem Verhalten beschäftigten. Allerdings wurden sie in der klinischen Praxis der Kinder- und Jugendpsychiatrie bzw. der forensischen Psychiatrie so gut wie nicht wahrgenommen. Die Erforschung von Tierquälerei im Kindes und Jugendalter forcierte sich erst in den 90er Jahren. ASCIONE, THOMPSON und BLACK (1997) befragten Kinder und Heranwachsende und fanden, dass es bei sehr jungen Kindern im Zuge explorativen Verhaltens durchaus „normale" Tierquälerei gibt und man sie von der „pathologischen" unterscheiden muss. Die augenscheinliche Empathielosigkeit von kleinen Kindern kann auf unreife emotionale Intelligenz zurückgeführt werden. Das Verhalten kann alleine durch normsetzende Intervention zum Beispiel durch die Eltern/Erzieher abgestellt werden. Älteren Kindern zeigen ähnlich empathieloses Verhalten gegenüber Tieren, wenn es durch Gruppendynamiken zur „Aussetzung oder Modifizierung" individueller Werthaltungen und Normen kommt. Tierquälerei wird zum Beispiel als „Aufnahmeritus" oder Mutprobe angesehen. Auch zeigen einzelne Kinder unter Umständen tierquälerisches Verhalten, um sich selbst herauszustellen oder Aufmerksamkeit zu erlangen. Ein einfacher Wechsel der Peer Group mit anderen Gruppennormen beendet meistens auch die Exposition der Tierquälerei. Als bedenkliche Gründe für Tierquälerei bei Kindern und Jugendlichen hingegen führt ASCIONE „Langeweile" oder „Stimmungsverbesserung", „Selbstwerterhöhung", aber auch „Reinszenierung des eigenen Traumas" an. Zu pathologischen Tierquälereien zählen „Tiere als Stellvertreteropfer", das heißt der Tierquäler möchte sich eigentlich an einem Familienmitglied oder einem Peer rächen, das gezielte „Abreagieren von Gewaltpotential", sowie das „Ausleben sadistischer Fantasien".

Ein Verständnis um die Motive von erwachsenen Tierquälern, die bereits als Straftäter in Erscheinung treten, erleichtert auf vielerlei Weise das Verständnis ihrer Straftaten. Der Täter erwirbt manuelles und biologisches Wissen, welches sich in späteren Übergriffen auf den Menschen wiederspiegelt, ist in der Lage bislang fantasierte Handlungen an leidenden Mitgeschöpfen umzusetzen und er durchläuft gleichzeitig einen Prozess der Desensibilisierung gegenüber lebenden Opfern. Es gelingt ihm diese zu depersonifizieren und zu objektivieren, indem er ihnen ihre Individualität aberkennt. Die Motive erwachsener Straftäter, die sich auch an Tieren vergreifen, können folgendermaßen umschieben werden:
- Aufrechterhaltung der Kontrolle
- Rachsucht
- Befriedigung eines Vorurteils
- Vandalismus
- Aufmerksamkeitserlangung
- Aggressivitätssteigerung
- Kanalisierung von Aggression
- Realisierung sadistischer Fantasien

Diese Motive können isoliert, aber auch kovariierend mit anderen auftreten.

Definition von Tierquälerei

Der Begriff der Tierquälerei ist bislang nicht eindeutig definiert. Generell versteht man unter Tierquälerei Erleben und Verhalten eines Menschen in der Interaktion mit Tieren, bei welchem aktiv (psychische oder psychische Misshandlung oder Tötungen, sexuellen Missbrauch) oder passiv (z.B. Vernachlässigung oder Verwahrlosung) Gewalt gegen das Tier ausgeübt wird. In Anlehnung an die Theorie der sozialen Vergleichprozesse (FESTINGER,1954) wird eine Handlung dann zur Tierquälerei, wenn sie vom Individuum in einem vergleichenden Prozess zwischen sich selbst und seinem sozialen Bezugsystem als solche wahrgenommen und bewertet worden war (Verstoß gegen den wahrgenommenen Standard des Umgangs mit Tieren). Diese Definition inkludiert die Kriterien des Tierschutzgesetzes (1998), welches Tierquälerei unter Strafe stellt. Gemäß §17 TierSchG wird mit einer Freiheitsstrafe bis zu drei Jahren oder mit Geldstrafe bestraft, wer 1. Ein Wirbeltier ohne vernünftigen Grund tötet oder 2. Einem Wirbeltier a) aus Rohheit erhebliche Schmerzen oder Leiden oder b) länger anhaltende oder sich wiederholende Schmerzen und Leiden zufügt. Per Gesetz wird Tierquälerei nach den Kriterien der (gefühllosen) Gesinnung des Täters, sowie der Intensität der Misshandlungen bewertet. Für psychologische Studien empfiehlt ASCIONE (1993) jedoch folgende Definition von Tierquälerei: „abuse of animals is defined as socially unacceptable behavior that intentionally causes unnecessary pain, suffering, or distress to and / or death of an animal." (ASCIONE 1999, S 51) Damit wird die juristische Definition um das soziale Kriterium erweitert. Es fließt eine aus einer kategorischen, vom Individuum internalisierten Norm entstandene, metaperspektivische Wertung ein, welche unabhängig von der Rechtsnorm handlungsrelevante Bedeutung erlangt. Aus sozialpsychologischer Sicht sind Normen direkte Verhaltensregulative. Menschen benutzen diese Kriterien, um Handlungsalternativen abzuwägen, auszuwählen und zu rechtfertigen, sowie um sich selbst und andere zu bewerten. In der Selbstreflexion geben vom Individuum internalisierten Werte dem Entscheidungsprozess einen kognitiven Rahmen für Handlungsoptionen. „ In der Theory of Reasoned Action (FISHBEIN & AJZEN, 1975), ... wird die mit einer persönlichen Compliance gewichteten, wahrgenommene Norm als Prädiktor aufgenommen" (STUPPERICH & STRACK, 2005, S 53). Einer der wichtigsten Zusammenhänge zwischen Tierquälerei und Gewaltdelinquenz findet sich genau in diesem, nämlich der normgegenläufigen, Charakter der Handlung, ein weiterer, dass Tierquälerei das Ausleben machtorientierter, gewalttätige Handlungsintentionen gegen ein fühlendes Mitgeschöpf bei geringst möglichem Risiko ermöglicht (geringe Entdeckungswahrscheinlichkeit, geringe Strafbewehrtheit).

Der Zusammenhang von Tierquälerei und Gewaltkriminalität

In den frühen 80er Jahren begann die Erforschung von Tierquälerei, deren zugrunde liegende Motivationen und deren Bedeutung für interpersonelle Gewalt verstärkt Eingang in die Forschung zu finden, wobei der Anstoß durch kriminalistische Beobachtung kam, dass sadistische Gewaltstraftäter, wie beispielsweise Ted Bundie auch von massiven Tierquälereien berichteten. DEVINEY, DICKERT & LOCKWOOD (1983), FELTHOUS und KELLERT 1987, LOCKWOOD & CHURCH 1998, ARCOW (1998), und

ASCIONE (2001) berichten in groß angelegten Studien an Kriminellen von erheblichen Prävalenzraten der Tierquälerei. FELTHOUS und KELLERT (1987) fanden in einer Studie mit forensisch psychiatrischen Amerikanern 57 % Tierquäler. In Folgeuntersuchungen schwankten die berichteten Prävalenzraten von Tierquälerei bei Gewaltdelinquenten zwischen 25%(FELTHOUS und KELLERT, 1985), 30% (MILLER und KNUTSON, 1997) und 60 % (SCHIFF et al, 1999). In der Folge sprachen sich Ende der 80er Jahre des vorigen Jahrhunderts FELHOUS und KELLERT (1985) dafür aus, Tierquälerei als eine kriminologische „Rote Flagge" bei Gewaltstraftaten zu sehen. Diese Studien beschäftigten sich retrospektiv mit Tierquälerei, das heißt sie befragten bereits verurteilte Straftäter danach ob in und welcher Weise diese Tiere gequält haben. Das Verständnis der jener Straftäter zu gewinnen, die an der Studie teilnahmen. Die Erforschung von Tierquälerei bietet allerdings noch weitergehende Perspektiven, wie beispielsweise der Prävention und Frühintervention:

Das gezielte Zufügen von Schmerzen und Leiden in Kombination mit Brandstiftung und Enuresis gilt bis heute als Prädiktor für spätere Gewaltdelinquenz (HEATH et al, 1984, BARNETT & SPITZER, 1994). Während nun Enuresis in der neueren Literatur als Prädiktor umstritten ist, bestätigte sich diese bei Tierquälerei und Brandstiftung. (MERZ-PEREZ, 2001). WOODEN & BERKEY (1984) berichten von signifikanter Kovarianz von Tierquälerei und Brandstiftung in einer Stichprobe von 69 jungen Brandstiftern (Alter 4-17 Jahre). In der Gruppe der 4-8jährigen Kinder quälten 46 Prozent, in der Gruppe der 9-12jährigen neun Prozent und in der ab 13jährigen 12 Prozent auch Tiere. Die Autoren erklären die niedrigere Rate bei den älteren Kindern durch eine Verlagerung der tierquälerischen Handlungen der Heranwachsenden ins Dunkelfeld. Die Ergebnisse dieser frühen Arbeit wurde Anfang der 90er Jahre durch eine kontrollierte Studie von SAKHEIM und OSBORNE (1994) bestätigt. Rund die Hälfte der pyromanischen Kindern wurden als Tierquäler identifiziert, während bei den Kindern, die keine Brände legten, nur neun Prozent Tiere quälten ($p > .01$). Die Prädiktivität des gemeinsamen Auftretens von Tierquälerei und Brandstiftung bestätigten RICE und HARRIS (1996). Sie verfolgten mehr als 200 entlassene Brandstifter. Die Autoren stellten fest, dass diejenigen Patienten, die neben der Brandstiftung auch Tiere quälten, signifikant häufiger durch ein späteres Gewaltdelikt auffielen ($p > .001$), als solche bei denen Brandstiftung alleine auftrat. Ein spezieller Aspekt wurde von BEYER und BEASLEY (2003) angegangen. Die Autoren untersuchten 25 verurteilte

Kindermörder, von denen 20 Prozent zugaben, in der Vergangenheit Tieren Gewalt angetan zu haben.

Auch in deutschen Studien ist der Zusammenhang zwischen Gewaltdelinquenz replizierbar STUPPERICH, STRACK, OSTERHEIDER, 2005), so dass es an der Zeit scheint, die der Prädiktivität zu Grunde liegenden psychologischen Mechanismen genauer zu untersuchen. Leider gibt es bislang nur sehr wenige Studien, die dieser Frage nachgehen. Generell gibt es zwei konzeptuelle Ansätze: Sozial- kognitive und Persönlichkeitsbasierende Herangehensweisen (SHADE et al., 2004). Die sozial –kognitiven Theorien konzentrieren sich darauf, die Art und Weise zu spezifizieren, in welcher organisierte Systeme der kognitiv – affektiven Strukturen ursächlich die beobachtete Kohärenz und Variabilität innerhalb eines Individuums beeinflusst. In diesem Sinne werden sie in bestimmte funktionelle Kontexte gestellt, welche auch das Verhalten von Menschen gegenüber Tieren sein kann (MISCHEL & SHODA 1995). Konzepte, die auf Persönlichkeitstheorien basieren, sind dagegen prototypischerweise nomothetisch in ihrer Auslegung auf individuelle Unterschiede (McCrae & Costa, 1996). In diesem Sinne bieten sie die Möglichkeit, Unterschiede zwischen bestimmten Populationen (zum Beispiel den Tierliebhabern und den Tierquälern, den gewaltdelinquenten und den nicht gewalttätigen) zu erklären. Zu beiden Ansätzen gibt es allerdings bislang nur vereinzelte Studien. SCHIFF (1999) geht von einer Deprivation an emotionaler Kompetenz aus: die Misshandlung von Tieren, desensibilisiere und brutalisiere den Täter. AGNEW (1998) beschreibt einen Zusammenhang von Persönlichkeitseigenschaften und Gewaltkriminalität. Diese würden sich sowohl in Gewalt gegen den Menschen, also auch gegen Tiere exponieren: „individual traits said to cause crime may also cause animal abuse" (S 193). Die Parallelität beider Handlungen begründen sich – laut dem Autor - in der intentionalen Konstruktion Leid zu verursachen. Die Unterschiede bestünden lediglich in der Opferspezifizierung. Beide Verhaltensweisen gehen jedoch mit damit einher, dass der Täter entweder unsensibel gegenüber dem Leid fühlender Mitgeschöpfe ist, oder er ist weder willens noch in der Lage, anderen Lebewesen den angemessene ethischen Respekt zu erbringen (GREEN 2002). Dieser Ansatz entspräche der „**General Deviance**" Hypothese wie ihn OSGOOD et al (1988) , DEMBO ET AL (1992), DOUGLAS, BURGESS, BURGESS & RESSLER 1997,HIRSCHI & GOTTFREDSON (1994) beschreiben. Danach könnte Tierquälerei als eine Facette der kriminellen Persönlichkeit betrachtet werden, die innerhalb eines Konglomerats mit anderen, wie zum Beispiel Kleinkriminelles Verhalten, Peer Probleme und Schule Schwänzen steht: „A wide range of criminal behaviors are positively correlated with an other either because one form of deviant behavior leads to involvement in other forms deviance or because different forms of deviance have the same underlying causes" (ARLUKE, LEVIN, LUKE & ASCIONE, 1999, s 965.).

RESSLER, BURGESS, HARMAN, DOUGLAS & MCCORMACK (1998), TAPIA (1971), RHEINZ (1994) und KRUMBIGEL (1981) berichten von Tierquälerei als Einstiegskriminalität und entwickelten ihrerseits die Hypothese der „Progredienz". Tierquälerei sei nur eine Stufe in der gewaltkriminellen Karriere, auf dem Weg zum gewohnheitsmäßigen Gewaltverbrecher. In dieser Tradition stehend untersuchten WOCHNER 1988, sowie MERZ-PEREZ & SILVERMAN (2001) das Phänomen der Tierquälerei auf seine Eignung als „Frühwarnsystem" für gewaltkriminelle Karrieren. Die Autoren berichten bei einer Gruppe von 50 forensischen Patienten von einer signifikanten Beziehung zwischen grausamen Verhaltens gegenüber Tieren und späterer Gewaltdelinquenz, wobei in erster Linie Heimtiere von den grausamen Handlungen betroffen waren. Die Autoren untersuchten darüber hinausgehend die Zeitstabilität der gewaltgeprägten Verhaltensmuster, die im Kindesalter an Tieren beschrieben wurden. Es zeigte sich, dass gewaltgeprägte Verhaltensmuster, die gegenüber Tieren gezeigt werden, in die Gewaltdelinquenz gegen Menschen übernommen wird. Die Ergebnisse ließen sich an deutschen Kliniken replizieren, wie die folgenden Fallbeispiele zeigen sollen.

	Expon. Verhalten	Innere Welt	Umfeld
Sozialkognitives Lernen	Initialerlebnis	Frühkindliches Erleben	
Emotion	Selbstwerterhöhung	mood state elevation,	
Einstellung			
Führung / Gruppe			Risky shift, Ingroup Homogenity
Soziale Wahrnehmung	Gezielte Opferauswahl		

Abbildung 1: Motivation für Tierquälerei

Fall 1: Der heute 37jähriger, wegen eines sexuellen Tötungsdeliktes verurteilter Peter M.* berichtet von seinem problematischen Verhältnis zu seinem Stiefvater. Der junge Mann wuchs als zweitältester von vier Brüdern auf. Der leibliche Vater verübte Suizid. Einige Zeit später heiratete die Mutter erneut. Das Verhältnis zwischen dem Probanden und seinem Stiefvater war von Anfang an angespannt. Der Junge fühlte sich wegen seiner Schwerhörigkeit vom diesem abgelehnt. Er wurde bei Fehlverhalten regelmäßig geschlagen. Es kam zu frühem schulischen Versagen und psychosomatischer Auffälligkeit. Von der Familie wurden mehrere Versuche unternommen Haustiere anzuschaffen und in die Familie zu integrieren. Die erste Wahl fiel auf einen Afghanen, also einen großen Hund. In der Wahrnehmungswelt des Patienten wurde dieser dem Stiefvater zugeordnet, der jedoch ein angespanntes Verhältnis zu dem Tier hatte, es regelmäßig schlug, wenn es nicht parierte. Besonders eine Auseinandersetzung ist dem Patienten in Erinnerung geblieben, bei dem der erboste Stiefvater das Tier mit einem Stuhl in die Ecke drängte und es damit malträtierte. Nach nur einem Jahr wurde der Hund als bösartig abgeschafft.

Der Patient selbst entdeckte sehr früh seine Vorliebe für Vögel. Er hielt einen Papagei und diverse Nymphensittiche in seinem Zimmer in einem Kellerraum. Sein Verhältnis zu den Tieren beschreibt er als eng und liebevoll. Der Patient übernahm den größten Teil der täglichen Pflege wie Füttern, Käfig reinigen usw. selbst. Während einer „Freiflugstunden" benagte der Papagei die Paneele an der Wand, woraufhin der Patient den Vogel so heftig schlug, dass dieser tags darauf verstarb. Über den Tod des Tieres war der Patient bis heute emotional stark bewegt.

FELTHOUSE und KELLERT (1985) erwähnen das Bestrafen bzw. sich Rächen von Tieren bei Fehlverhalten als eine der häufigsten Formen von Tierquälerei. Besonders verbreitet ist dies bei Kindern und Jugendlichen in sozial belasteten Familien. DE VINEY, DICKERT und LOCKWOOD (1983) berichten bei Untersuchungen an Familien in denen häusliche Gewalt berichtet wurde, in mehr als sechzig Prozent auch das Vorkommen von Tierquälerei. ASCIONE (1999) empfiehlt bei sozial auffälligen Jugendlichen stets auch nach Tierquälerei innerhalb der Familie zu fragen. Bei einer kontrollierten Studie mit 2600 Jungen und Mädchen im Alter von 4 bis 16

---

* Namen wurden aus datenschutzrechtlichen Gründen geändert

Jahren, die mit dem Achenbach –Conners – Quay Behavior Checklist (ACQ) unter anderem Daten bezüglich Tierquälerei erhoben, konnten ACHENBACH et al (1991) signifikant höhere Tierquälereiraten feststellen, wenn diese aus sozial belasteten Familien stammten, insbesondere wenn es sich um Jungen handelte. Die Autoren führen diese Verhaltenweisen auf sozial kognitive Lernprozesse zurück. Die Gefahr, dass einmal gelernte und etablierte Verhaltensstrategien beibehalten und auch im Erwachsenenleben gezeigt werden ist relativ groß.

Fall 2: Der heute 23jährige, wegen schwerer Körperverletzung verurteilte Robert[*] wurde mit der Diagnose einer Persönlichkeitsstörung in den Maßregelvollzug eingewiesen. Der junge Mann griff seine Mutter mit einem Messer an und jagte seinen 14jährigen Bruder mehrere Stunden unter Todesdrohungen durch die Straßen. In der Anamnese schildert der Patient weiterhin, wie er vorausgehend das Meerschweinchen seines Bruders tötete. „Ich wachte in der Nacht auf, weil es (das Meerschweinchen) quiekende Laute von sich gab. Das nervte. Ich stand auf, öffnete den Käfig, holte es raus und brach ihm das Genick, indem ich ihm den Hals verdrehte. Dann hab ich es unter dem Bett (des Bruders) hingelegt." Nach eigenen Worten „genoss" der Täter es, wie sein Bruder am nächsten Morgen das Fehlend es Tieres bemerkte, verzweifelte danach suchte und die emotionale Betroffenheit, nachdem das Tier gefunden wurde. Wochen später tötete der Patient wohl auch die Katze der Mutter, indem er ihr das Genick brach und legte sie vor der Waschmaschine. In der Tatnacht tötete der Patient zunächst vor den Augen seines Bruders einen Igel, der zufällig seinen Weg kreuzte und versuchte schließlich seinem Bruder das Genick zu brechen, was ihm jedoch misslang.

ASCIONE und ARCOW (1999) sehen in bestimmten Formen von Tierquälerei generalisierbare Handlungsschemata. „Gewalt, die gegen Tiere gerichtet wird, ist oft ein zwanghaftes Muster und ein Indikator, dass diese ... auch gegen andere Opfer gerichtet werden kann." ASCIONE, THOMPSON und Black (1997) bezeichnen solche Handlungsmuster als „Rehearsal for interepersonal violence", als Praktiken, die von aggressiven Tätern angewendet werden, bevor diese auf menschliche Opfer übergreifen.

---

[*] Name wurde aus datenschutzrechtlichen Gründen geändert

Die erlernten Handlungsmuster der Tierquälerei exponieren sich schließlich auch im Modus operandus durch die „Schematisierung von Täterverhalten, sowie der „individueller Inszenierungen" (Handschrift) (STUPPERICH 2002).

Fall 3a und b: Der wegen versuchten Mordes und Nötigung verurteilter 40jähriger psychotischer Klaus[*] berichtet, dass er gemeinsam mit einem Freund oft stundenlang geduldig vor einem Mauseloch gesessen hat. Sobald sich das Tier aus seinem Loch herauswagte, wurde es am Schwanz gepackt, mit einer Tasse Benzin überschüttet, laufen gelassen und auf der Flucht angezündet. Ein anderer Patient, berichtete dass er – als er sich schlecht fühlte einen kleinen Hund auf der Straße auflas, ihn in den ersten Stock eines Hauses trug und vom Balkon herunterwarf. Der heute 33 jährige, persönlichkeitsgestörte Mann berichtete, dass er sich danach „besser fühlte". Einige Monate später warf er Steine von Autobahnbrücken auf Fahrzeuge und schließlich tötete er seine Freundin, indem er einen schweren Stein auf ihren Kopf fallen ließ.

Diese Form von Tierquälerei wird von ASCIONE (1999) als „to elevate the mood state" bezeichnet. Der Akt der Tierquälerei soll kognizierte Selbstwertdefizite auszugleichen. Sind mehrere Personen bei der tierquälerischen Handlung anwesend, kann es sich jedoch auch um gruppendynamische Prozesse handeln.

Fall 4a und b: Der 23jähriger, mehrfach wegen Diebstahl und räuberischer Erpressung vorbestrafte, Andreas[*] beschreibt sich selbst als ausgesprochen tierlieb. Im weiteren Interviewverlauf beschreibt er eingehend und völlig emotionslos wie er gemeinsam mit zwei Freunden aus einem Versteck mit dem Luftgewehr auf die Hunde zufälliger Passanten oder auf Tauben auf dem Nachbardach zu schoss.
Auch ein anderer, 42jähriger wegen Mordes und Vergewaltigung verurteilter Patient mit Persönlichkeitsstörung, beschreibt sich als sehr tierlieb und hielt bis zu seiner Festnahme selbst diverse Heimtiere. Andererseits erregte ihn der Besuch von illegalen, tödlichen Hundekämpfen. Er sah ungerührt zu, wie dem unterlegenen Tier vom Besitzer die Kehle durchgeschnitten wurde.

---

[*] Name aus datenschutzrechtlichen Gründen geändert
[*] Name aus datenschutzrechtlichen Gründen geändert

Tierquälerei bei Gruppen, vor allem in Jugendgangs wird in verschiedenen Kontexten beschrieben. Beim Peer Reinforcement (ASCIONE in Kendall-Tackett & Gianmoni, 2005) ermutigen die anderen Gruppenmitglieder den Täter zu seiner Tat. Dies kann entweder als Mutprobe erfolgen oder im Zuge eines „Initiationsritus". Die Tierquälerei kann jedoch auch aus Langeweile oder Sensation Seeking heraus erfolgen. Im Gegensatz zu den folgenden Tätern erfolgt die Auswahl des Opfers bei Gruppendelikten eher zufällig.

Fall 5: Der heute 40jährige, wegen mehrerer sexueller Tötungsdelikte verurteilte Theo[*] schildert, dass er, wenn er wütend oder frustriert war, sich in sein Auto setzte und Kaninchen schießen ging. Dabei zeigte er ein sehr zielgerichtetes Verhalten:
Die vom Täter selbst gezeichnete Grafik (Abbildung 2a) stellt den vom Patienten gefühlten Erregungszustand während der einzelnen Phasen der Tat dar. Nach dem Selbstwertminimierenden Erlebnis setzte er sich in sein Auto und fuhr zunächst ein Stückchen Autobahn. Dabei wählte er eine Strecke, die ihn zu einer ihm bekannten Stelle brachte, an der er eine Population wilder Kaninchen wusste. Er stellte das Fahrzeug ab. Dann öffnete er die Tür einen Spalt, nahm sein Gewehr, legte es in die Ritze zwischen Tür und Fahrzeug. In dieser Position wartete er reglos und lauerte den Tieren auf. Er wählte sich ein Opfer aus und nahm es ins Visier. Er ließ sich Zeit, bis er einen sicheren Schuss wägte. Dann drückte er ab. Kurz danach verließ er das Fahrzeug, näherte sich dem toten oder verendeten Tier, hob es auf und beging eine Reihe sexuell konnotierte Handlungen an ihm. Schließlich ließ er den Kadaver liegen und verließ den Tatort.
Abbildung 2b zeigt vergleichend, den von diesem Mann antizipierte Erregungszustand als er auf sein erstes Opfer, eine junge Anhalterin traf. Anzumerken ist dabei, dass der Täter angab, eigentlich auf Kaninchenjagd gehen zu wollen, jedoch sein Vorhaben nicht ausführen konnte, weil in seinem „Jagdgebiet" noch Publikumsverkehr herrschte. Der Bildausschnitt zeigt die Phase nachdem der Täter erkannte, dass er heute nicht zum Schuss kommen würde bis zur Kontrollaufnahme über die junge Frau. Anzumerken ist dabei noch, dass die Abstraktionsfähigkeit dieses Patienten in bezug auf seine vierbeinigen Opfer zu diesem Zeitpunkt nach eigenen Angaben bereits sehr hoch war, d.h. dass

---

[*] Name aus datenschutzrechtlichen Gründen geändert

er – auch wenn er Tiere quälte – im Gedanken bereits bei menschlichen Opfern gewesen ist. Der Täter wörtlich: „Wenn ich den Zwang, Gewalt auszuüben verspürte, habe ich versucht, es auf Tiere zu kanalisieren und habe das dann gemacht. Hinterher war das Bedürfnis für einige Tage nicht mehr da."

Mit fortschreitender Dissozialität entwickelt ein bestimmter Tätertyp eine spezifische, ritualisierte Erlebniswelt. Er lebt diese zunächst an Tieren aus, weil sie einerseits leicht verfügbar und gut kontrollierbar sind, zum anderen die Fähigkeit über nonverbaler Kommunikation zu reagieren. Dabei handelt es jedoch nicht um echte Interaktion; die jeweiligen Signale des Tieres werden nicht kontextbezogen wahrgenommen. Der Täter „realisiert seine Fantasien", ohne auf das Tier einzugehen, oder: die Reaktion des Tieres ist dem Täter zwar wichtig, aber sie beeinflusst sein weiteres Handeln nicht. Im extremsten Fall werden die Tiere zum Objekt der Projektion sadistische Fantasien integriert, indem sie entweder genutzt werden, um Szenarien zu setzen, in denen jedoch ausschließlich der Täter die Regieanweisungen gibt oder sie werden selbst zum Stellvertreteropfer in sadistischen Inszenierungen, wobei sie in der Fantasie des Täters entindividualisiert und / oder bereits als vom Täter verschiedene Rollen zugewiesen werden.

Die des Publikums
Die des Opfers
Die des Helfers

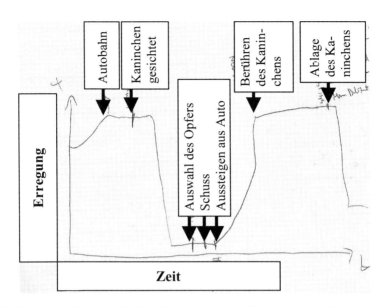

Abbildung 2a: Emotionale Beteiligung an der „Kaninchenjagd" bei einem vierfachen Mörder

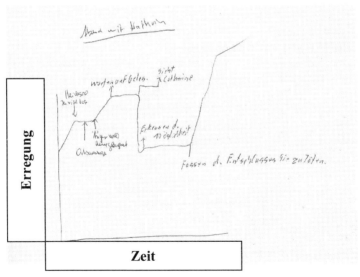

Abbildung 2b: Emotionale Beteiligung bei der Tötung des ersten Opfers bei einem vierfachen Mörder

Fall 6a: Zum Zeugen einer sehr schwerwiegenden und von extremen Sadismus geprägten Vergewaltigung wurde die Katze des 45jährigen Karl[*], bereits mehrfach wegen sexuellem Missbrauch vorbestraften Mannes. Nach geglückter Kontrollaufnahme über das Opfer, beließ der Täter das Tier zunächst im Raum, gestattete der Frau sogar Kontakt zur Katze aufzunehmen, sie anzufassen und zu streicheln. Mit zunehmendem Erregungszustand des Täters wurde mehr Distanz zwischen Opfer und Katze aufgebaut, bis der Täter das Tier schließlich wegsperrte, weil es „Unruhe verbreitete". Während der Realisierung seiner sadistischen Fantasien jedoch ließ er das Tier wieder in das Wohnzimmer, um es aus dem Verborgenen heraus (Katzenhöhle) zusehen zu lassen.

Fall 6b In dem bereits vorangehend beschriebenen Fall des 40jährigen „Theo" mit sexuellen Tötungsdelikten, beschreibt dieser Tiertötungen an größeren Haustieren (Schafe, Rinder, Pferde) ein, bei denen die Realisierung von sexuell konnotierten Fantasien im Vordergrund stand. Dazu legte sich der Mann nachts an bereits vorher ausgekundschafteten Pferdeweiden auf die Lauer oder erklomm einen in der Nähe befindlichen Hochsitz. Nachdem er das Tier mit einer Schusswaffe immobilisiert hatte, eröffnete er ihm die Bauchhöhle und nahm am toten oder sterbenden Tier sexuelle Handlungen vor. Dazu legte er sich in die Bauchhöhle des verendeten Tieres. Zusätzlich kam es zu erheblichen postmortalen Handlungen. Abbildung 2a und b zeigen Parallelen in der emotionalen Beteiligung im Tatverlauf bei dem nichtmenschlichen und menschlichen Opfer.

Zusammenfassend kann man sagen: Tierquälerei erfüllt eine Menge unterschiedlicher Bedürfnisse beim Täter, die sich in unterschiedlicher Interaktion nachweisen lassen. Tiere werden:
1. zu Objekten, die der Kontaktaufnahme zu späteren Opfern dienen -
   Beispiel: Initiation Pädosexueller Beziehungen
2. zu Objekten zur Kontrollaufrechterhaltung über das Opfer
   - Beispiel: Aussprechen von Drohungen gegen das Tier, um ein Opfer an weiterem Widerstand gegen den Täter zu hindern
3. zu primären Opfern
   - Beispiel: Direkte, gewaltsame Interaktion mit dem Tier nach Frustrationserlebnis

---

[*] Name aus datenschutzrechtlichen Gründen geändert

4. zu Stellvertreteropfern,
   - Beispiel: Töten des Haustiers im Zuge persönlicher Konflikt
5. zu aktiven Interakteuren oder Zuschauern während krimineller Handlungen
   - Beispiel: Opfer wird zu erniedrigenden Handlungen mit dem Tier gezwungen
6. zu „Übungsopfern"
   - Tiere werden herangezogen, um spätere sadistische Handlungen an menschlichen Opfern zu testen

Mit dem Ende des letzten Jahrtausends und vor allem durch die Arbeiten von ASCIONE et al (ASCIONE & ARCOW, 1999; ARLUKE, LEVIN, LUKE & ASCIONE; 1999, ASCIONE & BARNARD 1998, ASCIONE, WEBER, WOOD & WOOD, 1997) wurde Tierquälerei nunmehr in den „cycle of violence" (ASCIONE & ARCOW, 1999) aufgenommen. Zumindest im angelsächsischen Kulturkreis wurde damit Tierquälerei als eine Facette der Gewaltdelinquenz anerkannt und von der Sachbeschädigung abgegrenzt. Damit wurde ein deutliches Zeichen gesetzt, welches weitere Forschungsarbeiten, die das Verständnis für die Motivation von gewaltintendiertem Verhalten gegenüber menschlichen und tierischen Opfern ermöglichen und damit nicht nur die Risikobeurteilung von zur Entlassung anstehenden Straftätern erleichtert, sondern auch eine geeignete Frühintervention darstellen würde.

Literatur

ACHENBACH, T.M., HOWELL, C.T., QUAY, H.C., CONNERS, C.K. (1991). National survey of problems and competencies among four- to sixteen-year-olds. Monographs of Society for Research in Child Development, 56, Serial No. 225.

AGNEW, R. (1998). The causes of animal abuse: A social psychological analysis. Theoretical Criminology, 2, 177-209.

ASCIONE, F.R. (2005). Children & Animals – Exploring the Roots of Kindness and Cruelty. Indiana, West Lafayette: Purdue University Press,.

ASCIONE, F.R. (2001) Animal abuse and youth violence. Juvenile Justice Bulletin. Washington, D.C.: US Government printing Office. 9, 1-15.

ASCIONE, F.R., ARKOW, P. (1999). Child Abuse, Domestic Violence, and Animal Abuse – Linking the Circles of Compassion for Prevention and Intervention. Indiana, West Lafayette: Purdue Univ. Press .

ASCIONE, F.R., THOMSON, T.M., BLACK, T. (1998). The link between animal abuse and violence to humans: Why veterinarians should care. In P. Olson (ed.), Recognizing and reporting animal abuse: A veterinarian's guide. Englewood, Colo: American Humane Association.

ASGOOD, D., JOHNSTON, L., O'MALLEY, P. BACHMANN, J. (1988). Generality of deviance in the late adolescence and early childhood. American Sociological Review, 53,81-93.
BARNETT, W., & SPITZER, M. (1994). Pathological fire-setting 1951-1991: A review. Medical Science and the Law, 34,4-20.
BAUM, M. (1993). Das Pferd als Symbol. Frankfurt am Main.: Fischer Taschenbuch Verlag
BAUMEISTER, R.F., SMART, L. & BODEN, J.M. (1999). Relation of threatened egoism to violence and aggression. The dark side of high esteem. In R. F. Baumeister (Ed). The self in social psychology. Key readings in social psychology, 240-284, Philadelphia: P.A. Psychology Press.
DEMBO, D., WILLIAMS, L., WOTHKE, W. SCHMEIDELR, J. GETREV, A. BERRY, E., WISH,E. (1992). The generality of deviance: Replication of a structural model among high-risk youth. Journal of Research in Crime and Delinquency, 29, 200-216.
DEVINEY, E., DICKERT, J., LOCHWOOD, R. (1983). The care of pets within child abusing families. International Journal of Study of Animal problems, 4, 321-329.
DOUGLAS, J.E.; BURGESS, A.W.; RESSLER, R.K. (1997) Crime Classification Manual. A Standard System for Investigating and Classifying Violent Crimes. San Francisco: Jossey-Bass Publishers.
FELTHOUS, A., KELLERT, S. (1987). Childhood cruelty to animals and later aggression against people: A review. American Journal of Psychiatry, 144, 710-717.
FELTHOUS, A.R. (2003). Animal Cruelty: A prodrome of Antisocial and Aggressive Behavior or not? American Academy of Forensic Sciences, Proceedings of the Annual Meeting Chicago, 291 - 292
FELTHOUSE, A.R., KELLERT, S.R. (1978). Childhood Cruelty to Animals and Later Aggression Against People: A Review. American Journal of Psychiatry, 144, 710-717
FISHBEIN, M., AJZEN, I (1975). Belief, Attitude, Intention and behavior: An introduction to theory and research. Reading, MA: Addison – Wesley.
HEATH, G.A., HARDESTY, V.A., GOLDFINE, P.E. (1984). Firesetting, Enuresis and Animal Cruelty. Journal of Child and Adolescent Psychotherapy, 1, 97-100
HIERSCHI, T., GOTTFREDSON, M. (1994). The generality of deviance. New Brunswick, NJ: Transaction.
KETTERT, S., FELTHOUSE, A. (1985). Childhood cruelty to animals among criminals and noncriminals. Human Relations, 38,1113-1139.
KRUMBIGEL, I. (1981). Die Tierquälerei – ein Weg in den Abgrund. Hannover: Nord West Verlag.
MERZ-PEREZ, L., HEIDE, K.M., SILVERMAN, I.J. (2001). Childhood Cruelty to Animals and Subsequent Violence Against Humans. International Journal of Offender Therapy and Comparative Criminology, 45(5), 2001, 556-573
MILLER, K.S., & KNUTSON, J.F. (1997). Reports of severe physical punishment and exposure to animal cruelty by inmates convicted of felonies and by universal students. Child Abuse and Neglect, 21,59-82
RESSLER, R.K.; BURGESS, A.W.; DOUGLAS, J.E. (1988, 2nd ed.:1997). Sexual Homicide: Patterns and Motives. Lexington, Mass: Lexington Books
RHEINZ, H. (1994). Eine tierische Liebe – Zur Psychologie der Beziehung zwischen Mensch und Tier. München: Kösel.
RICE, M.E., & HARRIS, G.T. (1996). Predicting the recidivism of mentally disordered firesetters. Journal of interpersonal violence, 11,364-375.

SCHEDEL - STUPPERICH, A (2002). Schwere Gewaltdelikte an Pferden – Phänomenologie, psychosoziales Konstrukt und die Ableitung von präventiven Verhaltensmaßnahmen. Warendorf: FN Verlag.

SCHIFF, K. G., LOUW, D.A., ASCIONE, F.R. (1999). The Link between cruelty to animals and later violent behaviour against humans: A theoretical foundation. Acta Criminologica, Vol. 12, 77-86

STUPPERICH, A., STRACK, M. (2005). Zur Funktion individueller Werthaltungen bei Gewaltdelinquenz und ihre Ausprägung bei Unterbringung gem. Maßregelvollzugsgesetz. Forensische Psychiatrie und Psychotherapie - Werkstattschriften: 1, 51-66.

STUPPERICH, A., STRACK, M., OSTERHEIDER, M. (2005). Animal Abuse, Interpersonal Violence and the 4PX-Factor Model of Personality. 1st Summer Congress – research in Forensic Psychiatry. 10./11.06. Regensburg

STUPPERICH, A. (2002). Schwere Gewaltdelikte an Pferden – Phänomenologie, Psychosoziales Konstrukt und die Ableitung präventiver Verhaltensmaßnahmen. FN Verlag, Warendorf

TAPIA , F.(1971). Children who are cruel to animals. Child Psychiatry and Human Development, 2, 70-77.

TEBAULT, H. (1999). In Ascione and Arcow Child Abuse, Domestic Violence and Animal Abuse – Linking the Circles of Compassion for Prevention and Intervention. Indiana: Purdue Univ. Press

WILSON, E.O. (1984). Biophilia: The human bond with other species. Cambridge: Harvard University Press.

WOODEN, W.S. & BERKEY, M.L. (1984). Children and arson: America's middle class nightmare. New York: Plenum Press

Gewalt und Stalking

Luise Greuel & Axel Petermann

Zusammenfassung:

Es wird ein Überblick über die Forschungslage zum Phänomen Stalking gegeben, wobei der Schwerpunkt auf empirische Grundlagen der Gefährdungsanalyse gelegt wird. Exemplarisch werden zwei Fälle aus den Extrembereichen des breiten Spektrums von Stalking-Verhalten dargestellt und unter kriminalpsychologischen Aspekten erörtert.

Schlüsselwörter:

Stalking, Gewalt, Gefährdungsanalyse, Tötungsdelikte, Operative Fallanalyse

Einleitung

Obwohl Stalking als strafrechtlich relevantes Konstrukt erst seit relativ kurzer Zeit im öffentlichen Bewusstsein verankert ist, ist das Phänomen als solches alles andere als neu. Gemäß einschlägiger Definition ist dann von Stalking auszugehen, wenn eine Person wiederholt und fortdauernd versucht, mit einer Zielperson gegen deren Willen in Kontakt bzw. Kommunikation zu treten, so dass diese durch den intrusiven Charakter der persistierenden Kontakte mit Furcht oder Angstgefühlen reagiert (Mullen et al. 1999).
Diese kurze Skizzierung macht bereits ein zentrales Problem in der gegenwärtigen Stalking-Diskussion deutlich: Wir haben es hier gerade *nicht* mit einer eindimensionalen, klar umrissenen und beschreibbaren Tat*handlung* zu tun, sondern
- mit einem Verhaltens*prozess* über die Zeit,
- der ein *breites Spektrum* an invasiven Verhaltensweisen des Stalkers umfassen kann,
- sich erst in spezifischen *Opferreaktionen* manifestiert (Furcht),
- dabei in starkem Maße von *Interaktionen* mit dem Opfer beeinflusst ist,
- und zudem ganz unterschiedliche *Dynamiken* entwickeln kann (Abbruch, Persistieren, Eskalation bis hin zur Tötung).

Die Schwierigkeiten in der wissenschaftlichen wie forensischen Auseinandersetzung mit diesem Verhalten liegen also letztlich darin begründet, dass Stalking per se einen heterogenen, dynamischen und relationalen Prozess beschreibt und insofern punktuell weder umfassend noch valide erfasst werden kann.

Phänomenologie

Die Komplexität und Vielschichtigkeit der Problematik wird bereits daran deutlich, dass sich auf der phänomenologischen Ebene unterschiedlichste Handlungen von Stalkern identifizieren lassen. Diese reichen von unerwünschten Telefonanrufen, schriftlichen Mitteilungen über Verfolgung, Beobachtung/Überwachung bis hin zu Drohungen, Sachbeschädigungen und physischen und sexuellen Gewalthandlungen
Dabei realisieren Stalker durchschnittlich fünf verschiedene Verhaltensweisen (Dressing, Kuehner & Gass 2005), wobei die Kombination „*Telefonanruf - Bedrohung - Verfolgung*" nicht nur am häufigsten, sondern in der Mehrzahl der Fälle auch gemeinsam auftritt (Groves et al. 2004); somit also den „Kern", das „Basismuster" von Stalking ausmacht. Darüber hinaus sind vielfältige Variationen denk- und beobachtbar.
Zieht man weiterhin in Betracht, dass über alle Studien hinweg über 200 verschiedene Verhaltensweisen von Stalkern aufgeführt werden (Spitzberg & Cupach 2003), wird zum einen deutlich, dass die Vielzahl der inzwischen zu Stalking durchgeführten Studien zum Teil höchst unterschiedliche Verhaltensweisen erfassen; zum anderen wird die Breite des Verhaltensspektrums deutlich, das Stalker je nach Disposition, Motivation, Opferauswahl und Entwicklungsstadium an den Tag legen.
In einer jüngeren Meta-Analyse über insgesamt 103 Studien haben Spitzberg und Cupach (2003) die Vielzahl berichteter Einzelhandlungen unter semantischen und funktionalen Aspekten systematisiert und dabei die von Stalkern gezeigten Verhaltensweisen fünf übergeordneten Verhaltensclustern zugeordnet:
- *Hyperintimität:* alle Verhaltensweisen, die man unter „normalen" Bedingungen als Werbungsverhalten bezeichnen könnte (Liebesbekundungen, Telefonate, Verabredungen, Geschenke etc.)
- *Verfolgung:* alle Strategien, die dem Aufbau von Nähe dienen (Annäherungen, Auflauern, Herumtreiben im Wohn-/Arbeitsumfeld, Besuche, Beobachtungen)

- *Eindringen:* Eindringen in die Privatsphäre (Wohnungseinbruch, Belästigung von Bezugspersonen, Telefonterror, Überwachung, Diebstahl persönlicher Gegenstände)
- *Einschüchterung*: Belästigung, Verstoß gegen Auflagen/Kontaktverbote, Sachbeschädigung, Konfrontation, Drohungen, Wutausbrüche
- *Gewalt*: Freiheitsberaubung, Gewalt gegen Haustiere, physische und sexuelle Gewalt gegen Opfer und Dritte, Suizid(drohung), (versuchte) Tötung.

Diese auf inhaltsanalytischer Basis vorgenommene Einteilung korrespondiert eng mit Befunden der verhaltensorientierten Stalking-Forschung. Hier konnten Groves, Salfati und Elliot (2004) auf der Basis von Aktenanalysen zwei dominante Verhaltensthemen von Stalkern identifizieren, die entweder das Thema „Nähe-Distanz" oder aber aber das Thema „Macht-Kontrolle" ausagieren. Insbesondere macht- und kontrollorientiertes Stalking-Verhalten zeigt sich dabei eng mit Gewalt bzw. einem erhöhten Gefährdungsrisiko assoziiert. (Tabelle 1)

Tabelle 1: Stalking- Handlungen und Verhaltensthemen

Verhaltensthemen (nach Groves et al. 2004)	Verhaltenscluster (nach Spitzberg & Cupach 2003)	Stalking Handlungen z.B.:
Nähe	*Hyperintimität*	Telefonanrufe Schriftliche Mitteilungen (z.B. E-mails, SMS) Liebesbekundungen Zusendung von „Geschenken"
Nähe	*Verfolgung*	Herumtreiben im Wohn-/Arbeitsumfeld Auflauern Beobachtung Ausforschen
Nähe	*Eindringen*	Überwachung Belästigung von Bezugspersonen Diebstahl persönlicher Gegenstände Wohnungseinbruch
Kontrolle	*Einschüchterung*	Bedrohung (auch Dritter) Verfolgung Konfrontation, Wutausbrüche, Sachbeschädigung Verstoß gegen Kontaktverbote
Kontrolle	*Gewalt*	Suizid(drohung) Gewalt gegen Haustiere Freiheitsberaubung Physische Gewalt Sexuelle Gewalt (Versuchte) Tötung

Selbstverständlich handelt es sich bei diesen Verhaltensthemen nicht um trennscharfe Kategorien. Da Stalking ein dynamisches, relationales Prozessgeschehen darstellt, sind Überschneidungen und Mischformen beobachtbar und letztlich auch zwingend erwartbar. Nichtsdestotrotz zeigen knapp zwei Drittel der Stalker in ihrem Verhalten ein *dominantes* Verhaltensthema, wobei gut ein Viertel überwiegend Nähe-Verhalten, gut ein Drittel schwerpunktmäßig Macht-Verhalten realisieren (Groves, Salfati & Elliot 2004).

Auf dem Hintergrund der Forschungslage mag es nicht verwundern, dass 100% der untersuchten Fälle von Ex-Partner-Stalking, aber nur jeder vierte Fall ohne enge Täter-Opfer-Vorbeziehung das Verhaltensthema „Macht/Kontrolle" realisieren. Etwa ein Drittel der untersuchten Fälle lassen sich keinem spezifischen Verhaltensthema zuordnen, d.h. hier zeigen die Täter, in der Regel die ohne enge Vorbeziehung zum Opfer, gleichermaßen Verhaltensweisen aus beiden Themenbereichen (Groves, Salfati & Elliot 2004). Für Forschung und Praxis dürfte dieses Drittel von besonderem Interesse sein, zumal nicht ausgeschlossen werden kann, dass diese Täter sich aktuell in einem Eskalationsprozess befinden könnten.

Insgesamt bleibt festzuhalten, dass Stalking ein Delikt „mit vielen Gesichtern" ist, das sich gerade nicht punktuell, quasi als Momentaufnahme, beobachten lässt, sondern sich erst in seiner komplexen Dynamik über die Zeit hinweg und in der Interaktion mit den Betroffenen manifestiert. Hierin mag letztlich auch ein strukturelles Problem der epidemiologischen Studien liegen.

Epidemiologie

Was die Frage nach der Auftretenshäufigkeit von Stalking betrifft, so ist die Forschung hier nicht nur mit definitorischen Abgrenzungsschwierigkeiten, sondern selbstverständlich auch mit den üblichen methodischen Problemen der Epidemiologie konfrontiert. Es ist hinlänglich bekannt, dass Prävalenz- und Inzidenzraten in starkem Maße von der Art der Stichprobenerhebung, den Messinstrumenten und dem Befragungszeitpunkt abhängen. Insofern mag es nicht verwundern, dass die in der Literatur berichteten Prävalenzraten sehr unterschiedlich ausfallen; sie reichen von 2% bis 32,6% und erreichen damit eine Varianz, die zumindest Skepsis an der Brauchbarkeit derartiger Kennzahlen begründet. Auf diesem Hintergrund verbietet es sich, mittlere Inzidenzzahlen zu berichten, wie dies immer wieder gemacht wird (Spitzberg & Cupach 2003). Beschränkt man sich ausschließlich auf Repräsentativstudien (siehe Tabelle 2), so weisen diese – je nach zugrunde liegender Definition – eine Lebenszeitprävalenzrate von 8-17% bei Frauen und von 2-7% bei Männern und damit ein gesellschafts- wie kriminalpolitisch relevantes Ausmaß aus.

Tabelle 2: Befunde repräsentativer Studien zur Prävalenz von Stalking

Land	Frauen	Männer	Prävalenzmaß	Studie
USA	8% 1%	2% 0,4%	Lebenszeitprävalenz 12-Monats-Prävalenz	Tjaden & Thoennes 1998
Australien	12,8% 2,4%		Lebenszeitprävalenz 12-Monats-Prävalenz	Purcell, Pathé & Mullen 2002
Großbritannien	16% 2,7%	7% 0,9%	Lebenszeitprävalenz 12-Monats-Prävalenz	Budd & Mattinson 2000
Deutschland	17,3%	3,7%	Lebenszeitprävalenz	Dressing et al. 2005

Sieht man einmal von den methodischen Schwierigkeiten ab, mit der die Stalking-Forschung strukturell belastet ist, lässt sich die hohe Varianz und Heterogenität der aktuellen Befundlage auch mit systematischen epochalen Schwankungen der Forschungsansätze erklären. So waren die Anfänge der Forschung durch eine starke Fokussierung des Prominenten-Stalking durch *Frauen* charakterisiert, was die seinerzeitige Auffassung mitbegründet haben dürfte, man habe es bei Stalking im wesentlichen mit weiblichen Tätern zu tun, die mehrheitlich unter „Liebeswahn" litten, aber kein bedeutsames Gewaltpotential auswiesen (Zona et al. 1993). Begünstigt durch die wegweisenden Forschungsarbeiten aus dem forensisch-psychiatrischen Kontext lag der Schwerpunkt der zweiten Phase dann auf *psychiatrisch gestörten Tätern,* was eine Pathologisierung der Stalker begünstigt hat (z.B. Meloy 1998). Aktuell haben wir eine Verlagerung des Forschungsfokus auf den Bereich des *Ex-Partner-Stalking* (z.B. Sheridan & Davies 2001) und damit einhergehend eine zunehmende Sensibilisierung für das Gewaltpotential von Stalkern zu verzeichnen. Die Auswahl des Forschungsfeldes macht also auch gesellschaftliche Prioritäten deutlich und bildet nicht nur das breite Spektrum unterschiedlicher Varianten von Stalking ab.

Gewaltrate

Mit der Verlagerung des Forschungsschwerpunkts auf Stalking-Prozesse im Zusammenhang mit Beziehungsgewalt ist zunehmend die Frage in den Mittelpunkt gerückt, wie hoch der Anteil jener Fälle ist, bei denen es über die psychische Gewaltausübung hinaus zu konkreten körperlichen und/oder sexuellen Gewalthandlungen des Stalkers bzw. Verletzungen des Opfers kommt und von welchen Bedingungen diese Eskalationsprozesse abhängen. Aus *operativer* Sicht drängen sich diese Fragen nicht zuletzt im Zusammenhang mit Risiko- und Gefährdungsanalysen bzw. polizeilichem Fallmanagement auf (Hoffmann 2003). Über den unmittelbar polizeilichen Bezug hinaus stellen sich diese Fragen nach dem Zusammenhang zwischen Stalking und Gewalt allerdings auch unter *viktimologischer* Perspektive. So legen klinische und viktimologische Befunde nahe, dass die Angst vor unmittelbarer Gewaltanwendung durch Täter das subjektive Erleben und Verhalten von Opfern wesentlich prägt und damit unmittelbaren Einfluss sowohl auf Coping-Strategien als auch das Interaktionsverhalten mit dem Täter hat. Hier sind die Befunde aus anderen Bereichen der relationalen Gewaltkriminalität (z.B. sexuelle Gewalt, Beziehungsgewalt) übertragbar, wonach erhöhte Angst vor Gewaltanwendung kurz- und mittelfristig problemorientiertes Coping-Verhalten und effiziente Interaktions- bzw. Abwehrstrategien verhindert (Greuel 1992). Folglich ist es sowohl für die von Stalking Betroffenen wie auch für die mit der Opferberatung befassten Institutionen von eklatanter Bedeutung, empirisch fundierte Informationen zum tatsächlichen Gewaltpotential von Stalkern zu erhalten.

Es ist evident, dass die Bestimmung der Gewaltrate vergleichbaren methodischen Problemen unterliegt, wie sie bereits im Zusammenhang mit der Bestimmung der Prävalenzrate erörtert worden ist. Die Schwierigkeiten bei der Bestimmung der Basisrate schlagen unmittelbar auf die Bestimmung der Gewaltrate durch, so dass die *enorme Varianz* bzgl. der berichteten Gewaltraten von 3% bis 89% (Spitzberg & Cupach 2003) wenig erstaunlich ist, insgesamt aber die Frage aufwirft, ob es ethisch überhaupt vertretbar ist, quantitative Angaben zur Gewaltprävalenz – insbesondere in der massenmedialen Berichterstattung - zu veröffentlichen. Sinnvoller erscheint hier eine Beschränkung auf die Auseinandersetzung mit gewaltfördernden Bedingungen und Risikofaktoren.

Risikofaktoren

Nach gegenwärtigem Kenntnisstand lassen sich – eingedenk der erörterten methodischen Probleme – sowohl spezifische Hochrisikogruppen als auch Risikofaktoren identifizieren. So lässt sich ein erhöhtes Gewaltpotential von Stalkern primär für eine spezifische Teilstichprobe nachweisen; nämlich Stalking durch Ex-Partner, zumal auf dem Hintergrund einer von häuslicher Gewalt geprägten Beziehungsgeschichte (Sheridan & Davies 2001). Nach einer Meta-Analyse von Rosenfeld (2004) zählt eine gewaltgeprägte Vorbeziehung zwischen Täter und Opfer neben Bedrohungen, Drogenmissbrauch und dem Fehlen psychotischer Symptome zu den empirisch am besten bestätigten Indikatoren eines erhöhten Gewaltpotentials von Stalkern (siehe Tabelle 3).

Tabelle 3: Risikofaktoren für Stalking-Gewalt (nach Rosenfeld 2004)

Risikofaktoren	Empirische Evidenz
Vormalige Intimbeziehung Drohungen gegen das Opfer Drogenmissbrauch Keine psychotische Störung	stark
Habituelle Gewalttätigkeit Persönlichkeitsstörung Rachemotive Geringes Bildungsniveau Geringes Lebensalter	mittel
Kriminelle Vorgeschichte Geschlecht des Opfers Geschlecht des Täters Multiple Stalking-Opfer	schwach/ keine Belege
Suizidankündigungen Psychopathie Impulsivität Ethnische Zugehörigkeit Erwerbsstatus Sozioökonomischer Status	unbekannt

Bei den Ergebnissen dieser Meta-Analyse fallen allerdings zwei Dinge auf:
- Gemessen an klinisch-psychologischen Kriterien der Gewaltprognose (Dahle 2000) sind eher *statische* Risikofaktoren empirisch identifiziert, was insofern erklärungsbedürftig erscheint, als dass Stalking originär ein dynamisches Beziehungsdelikt ist.
- Interaktionsmomente können über die Studien hinweg nicht als spezifische Risikofaktoren bestätigt werden. Andererseits spricht einiges dafür, dass – gerade im Bereich des Ex-Partner-Stalking – die Trennungssituation als solche ein erhöhtes Gefährdungsmoment darstellt (Brewster 2003). Es stellt sich allerdings die Frage, ob wir es hier tatsächlich mit für Stalking spezifischen Prozessen zu tun haben oder aber mit einer besonderen Manifestationsform von Trennungsgewalt („separation aussault", Mahoney 1999), d.h. mit einem strukturellen Problem von interpersoneller Beziehungsgewalt.

Für letztgenannte Hypothese sprechen die Befunde einer auf multivariaten Auswertungsverfahren basierenden Studie der Arbeitsgruppe um Campbell (2003) zum Tötungsrisiko von Frauen bei häuslicher Beziehungsgewalt. Die Arbeitsgruppe um Campbell (2003) ging in einer breit angelegten Studie der Frage nach, unter welchen Bedingungen das Risiko von Frauen steigt, während oder nach einer gewalttätigen Beziehung von ihrem Partner getötet zu werden. Der Fokus liegt hier also weniger auf Stalking in engerem Sinne, sondern vielmehr auf dem Tötungsrisiko im Kontext von häuslicher Beziehungs- bzw. Trennungsgewalt.

Es wurden insgesamt N=343 Frauen interviewt, die in einer gewaltförmigen Beziehung leben sowie Bezugspersonen von N=220 getöteten Frauen, von denen 70% durch ihren (Ex-) Partner getötet worden waren. Ein Vergleich beider Gruppen – Beziehungsgewalt vs. letale Beziehungsgewalt – ergab die in Tabelle 4 ausgewiesenen Risikofaktoren:

Tabelle 4: Faktoren, die das Tötungsrisiko von in Gewaltbeziehungen lebenden Frauen erhöhen (nach Campbell et al. 2003)

Risikofaktoren 1. Ordnung	Risikofaktoren 2. Ordnung
Frühere Bedrohungen mit einer Waffe Frühere Drohungen, die Frau zu töten Zugang zu (Schuss-)Waffen Arbeitslosigkeit des Täters Drogenmissbrauch des Täters im Haushalt lebende Kinder aus früherer Partnerschaft des Opfers Trennung (initiiert durch das Opfer)	Sexuelle Beziehungsgewalt Gewalt während der Schwangerschaft Stalking

Die Risikofaktoren 1. Ordnung sind statistisch unabhängige Variablen, d.h. jeder Risikofaktor für sich genommen erhöht das Tötungsrisiko misshandelter Frauen bereits um ein Vielfaches. Es handelt sich hierbei um eine Kombination von *generellen* Risikofaktoren für Tötungsdelikte mit *spezifischen* Charakteristika von Gewaltbeziehungen. Der Zugang zu (Schuss-)Waffen wird generell mit einem erhöhten Tötungsrisiko assoziiert. Dies gilt in besonderem Maße für jene Fälle, in denen Frauen bereits mit einer Waffe bedroht und/oder Morddrohungen bereits ausgesprochen worden sind. Durch die Trennung wird das Tötungsrisiko ebenfalls bedeutsam erhöht, insbesondere wenn sich Frauen wegen eines neuen Partners trennen oder der Täter übersteigerte Eifersuchtsreaktionen zeigt. In Bezug auf die Person des Täters sind insbesondere Missbrauch illegaler Drogen – nicht aber Alkoholmissbrauch - sowie Arbeitslosigkeit als Risikofaktoren zu nennen. Der Eskalationsprozess ist unabhängig von soziodemographischen und persönlichkeitsspezifischen Merkmalen des Opfers.

In knapp einem Fünftel der Tötungsfälle ließen sich retrospektiv Anzeichen für Stalking feststellen. Allerdings trägt Stalking für sich allein genommen nicht zu einer bedeutsamen Erhöhung des Tötungsrisikos. Daraus lässt sich schlussfolgern, dass im Rahmen von Fallmanagement und/oder Präventionsbemühungen das Augenmerk stärker als bislang auf körperliche und sexuelle Gewalt in der Beziehung als allein auf Stalking nach der Beziehung gelegt werden sollte, da häusliche Beziehungsgewalt für sich genommen das Tötungsrisiko von Frauen bereits um ein Vielfaches erhöht. In diesem Zusammenhang sei darauf verwiesen, dass im Bereich der häuslichen Beziehungsgewalt für deutsche Frauen von einer Gewaltprävalenzrate von 25% auszugehen ist (BMFSFJ 2004) und diese Basisrate bei der Bestimmung des Gewaltpotentials wie auch der Gewaltrate von Stalkern entsprechend zu berücksichtigen ist. Hiermit korrespondieren auch jene Befunde von Campbell (2003), wonach selbst in dieser Hochrisikogruppe das Tötungsrisiko durch zwei Faktoren signifikant reduziert werden konnte: nämlich dann, wenn Täter und Opfer niemals zusammengelebt haben und wenn der Täter bereits frühzeitig wegen häuslicher Beziehungsgewalt verurteilt bzw. inhaftiert worden ist. Nach den vorliegenden Befunden kann davon ausgegangen werden, dass frühzeitige und konsequente juristische Sanktionierung von Beziehungsgewalt eine wirksame Maßnahme zur Prävention von Tötungsdelikten an Frauen durch (Ex-)Partner darstellt, das Einsetzen von Interventionen erst bei Stalking nach der Trennung also zu spät sein kann.

Diese Studie ist natürlich nicht übertragbar auf die Situation von Stalking-Opfern, die nicht in einer gewaltgeprägten Beziehung mit dem Stalker gelebt haben. Welche spezifischen Indikatoren für ein erhöhtes Tötungsrisiko hier gelten, ist bislang noch nicht hinreichend untersucht. Überhaupt ist das Viktimisierungsrisiko von Frauen – insbesondere aber Männern – unabhängig von häuslicher Beziehungsgewalt kaum empirisch überprüft. Hierin wird dann auch eine zentrale Schwäche der bisherigen Forschung zum Gewaltpotential von Stalking deutlich, ein *gravierender Stichprobenfehler*, der nicht zuletzt durch eine spezifische Hell-/Dunkelfeldproblematik begünstigt wird:

- „Schwerste" Fälle von sexueller Gewalt oder Tötungskriminalität werden – in polizeilichen Statistiken wie wissenschaftlichen Studien- häufig gar nicht als Stalking erfasst (Unterschätzung der Gewaltrate)
- „Mildere" Formen von Stalking werden häufig nicht angezeigt (Überschätzung der Gewaltrate).

Arbeiten zum *homizidalen Stalking* deuten durchaus darauf hin, dass es Zusammenhänge zwischen häuslicher Beziehungsgewalt, Stalking und Tötungsdelikten gibt (McFarlane, Campbell & Watson 2002; Mechanic et al. 2000), wobei Hoffmann (2003) in Anlehnung an Meloy ((2002) zurecht eine statistische Überschätzung der Tötungsrate bei Stalking problematisiert und von einer nach unten korrigierten Tötungsrate von 0,25% ausgeht. Goebel und Lapp (2003), Angehörige des LKA Hessen, haben in ihrer kasuistischen Übersicht exemplarisch Fälle von Stalking dargestellt, die in ein Tötungsdelikt eskalierten. Sie gehen davon aus, dass jährlich 10 bis 15 Tötungsdelikte durch den kriminalpolizeilichen Meldedienst registriert werden, denen wahrscheinlich Stalking vorausgegangen ist, wobei sie sich bei des retrospektiven Fallbewertung an den – allerdings ungewichteten - FBI-Indikatoren für eine erhöhte Gefährdungslage von Stalking-Opfern orientieren (vgl. Tabelle 5).

Tabelle 5: FBI-Indikatoren für erhöhte Gefährdung von Stalking-Opfern (nach Goebel & Lapp 2003).

Risikofaktoren
• Vordelikte des Täters (insbesondere Gewaltkriminalität)
• Alkohol- und/oder Drogenmissbrauch
• Kinder als Druckmittel (da sie konsequenten Kontaktabbruch erschweren)
• Symbolische, verbale oder physische Gewalt
• Extreme Kontrollausübung (z.B. ständige Observation, Rechtfertigungsdruck)
• Besondere Stressoren für den Täter (z.B. Arbeitslosigkeit, Scheidungsverfahren)
• Gewaltanwendung in der Öffentlichkeit
• Waffenbesitz
• Sinkende Konzentration/Depression des Täters
• Verzweiflung auf Seiten des Täters
• Mangelnde Einsicht und Schuldzuweisungen an Andere
• Psychische Erkrankung des Täters
• Mord- oder Selbstmordankündigungen
• Inkonsequentes Verhalten des Opfers

Systematische Forschungsarbeiten, die eben gerade nicht von identifiziertem Stalking, sondern von der Gesamtheit schwerer Gewaltdelikte ausgehen, stehen bislang ebenso aus wie Studien zu der Frage, unter welchen Bedingungen Stalker – insbesondere bei fehlender Täter-Opfer-Beziehung - mit eher gewaltlosem Verhaltensmuster über die Zeit in ein Gewaltverhalten wechseln. Immerhin ist nicht auszuschließen, dass mit fortschreitender Dauer der gedanklichen Beschäftigung mit dem Opfer – quasi in der Täterfantasie – eine mentale Nähe bzw Beziehungsqualität aufgebaut wird, die einen Wechsel von Motivation und Verhaltensmuster , etwa einen Umschlag vom Verhaltensthema „Nähe" in das der „Kontrolle" bedingen kann (Groves, Salfati & Elliot 2004).

Kasuistiken

Zur Veranschaulichung werden nachfolgend zwei Fälle aus den Extrembereichen des breiten Spektrums von Stalking-Verhalten dargestellt und unter kriminalpsychologischen Gesichtspunkten diskutiert.

Fall Barbara L.

Dieser Fall beschreibt einen kontinuierlichen Stalking-Prozess, der zwar zu nachhaltigen psychischen Belastungen des Opfers führte, aber ohne signifikante Gewalteskalationen verlief.
Opfer. Barbara L. war zum Beginn des Stalking-Prozesses 17 Jahre alt, Schülerin, lebte im Haushalt ihrer Eltern und arbeitete aushilfsweise als Verkäuferin. Hier lernte sie auch ihren späteren Stalker kennen.
Täter. Der Täter war zum Tatzeitpunkt 62 Jahre alt und traf erstmals auf Barbara L. an ihrem Arbeitsplatz. Er hatte eine akademische Ausbildung und war freiberuflich tätig. Im Rahmen seiner beruflichen Alltagsroutine benutzte er einen Pkw mit dem er tagtäglich die über 40 km Distanz zwischen seinem Wohnort und den regionalen Bezugspunkten des Opfers zurücklegte.
Rekonstruktion des Tatgeschehens. Der Täter sprach Barbara L. erstmals an ihrem Arbeitsplatz an und gab ihr seine Handynummer. Die junge Frau dachte sich zunächst nichts bei diesem Kontaktversuch und tauschte mit dem älteren Herrn einige SMS aus. Bereits nach kurzer Zeit nahmen die vom Täter gesendeten SMS sowohl in Anzahl als auch Intensität Formen an, die der jungen Frau zunehmend unangenehm und bedrohlich erschienen, u.a. versandte er ganze Liedtexte wie etwa „A new day has come" von Celine Dion. Exemplarisch seien prototypische SMS-Mitteilungen des Täters an Barbara L. in ihrem Originalwortlaut wiedergegeben (siehe Tabelle 6).

Tabelle 6: Inhalte der SMS-Mitteilungen an das Opfer

Eingang	Wortlaut
Sonntag, 23.30 Uhr	*Mona Lisa die berühmteste Frau der Welt! Meine Lisa, hab ich dich geweckt? Aus süßen Träumen? Dann entschuldige bitte. Wenn nicht, dann wünsche ich dir welche. Ein Mann deiner Sehnsucht, groß,*
Sonntag, 23.41 Uhr	*stark, blendendes Aussehen, klug, witzig, taktvoll, gütig, atemberaubend, hat Gefallen an dir gefunden! Du bist in seinem Kopfe, wie Mona Lisa von Leonardo da Vinci, die berühmteste Frau! Lisa!*
Sonntag, 23.53 Uhr	*Schlafe gut, träume von Glück mit dem Traummann, dem Du begegnen wirst im Traum wie im Leben. Gewiss! Gute Nacht meine Lisa. Morgen bist du wieder dabei!!*
Dienstag	*Meine Lisa, was ist Montag zwischen uns gekommen? Hatte mich gefreut – vielleicht sehen wir uns heut? Bin unterwegs. Bleib wie Du bist, so mag ich Dich + weil du mich verstehst, was so selten ist.*

Barbara L. schaffte sich eine neue Handynummer an, woraufhin die SMS-Botschaften zunächst ausblieben. Stattdessen bewegte sich der Täter zunehmend in der Nähe der Wohnung und des Arbeitsplatzes von Barbara L. und beobachtete sie dort aus unterschiedlichen Kraftfahrzeugen. Er drang zunehmend in ihr Privatleben ein und überhäufte sie mit Blumen und kleineren Geschenken. Obwohl sie ihm unmissverständlich zu verstehen gab, dass sie keinen Kontakt zu ihm wolle, erschien er immer wieder in dem Laden, in dem sie arbeitete und legte Bargeld für sie als Geschenk neben die Kasse. Bevor sie ihm das Geld zurückgeben konnte, verließ er den Laden, so dass sie sich gezwungen sah, ein Sparbuch anzulegen. Hier deponierte

sie die „Geldgeschenke" in der Absicht, sie dem Täter zu einem späteren Zeitpunkt zurück zu geben.
Einige Zeit später begann der Täter, Barbara L. auf ihrer Arbeitsstelle zu fotografieren. Er verfolgte sie bei allen außerhäuslichen Aktivitäten und spähte ihre Lebensgewohnheiten aus. Nach etwa einem halben Jahr näherte er sich dem Grundstück der Eltern und nahm Kontakt zum Vater und zum Freund des Opfers auf, wobei er u.a. bekundete, mit Barbara L. sexuellen Kontakt, gegebenenfalls auch gegen Bezahlung, haben zu wollen. Einer vom Vater gewünschten Aussprache entzog sich der Täter. Er hinterließ Briefe in ihrem Privatbriefkasten, so dass Barbara L. aus Angst vor etwaigen (sexuellen) Eskalationen schließlich Anzeige erstattete.
Hiervon unbeeindruckt versuchte der Stalker weiterhin, telefonisch und schriftlich Kontakt zu Barbara L. aufzunehmen und hinterlegte eine Vielzahl an „Geschenken" auf dem Grundstück der Familie. Er beobachtete und verfolgte sie exzessiv und hielt schließlich bei ihrem Vater schriftlich um ihre Hand an. Zwischenzeitlich hatte er vorgeblich eine „Bürgerinitiative" zur Einleitung verkehrsberuhigender Maßnahmen in der Wohnstraße des Opfers gegründet, um so mit Barbara L. und ihrem Umfeld näher in Kontakt treten zu können. Ein in diesem Zusammenhang in Umlauf gebrachtes Flugblatt veranschaulicht das Kommunikationsverhalten des Täters (siehe Abbildung 1):

> ### Initiative „Pro-Kind-Straße"
>
> *„...das zu schnelle Fahren gefährdet nun Tier und Mensch, insbesondere aber Kinder, die auf der Straße spielen. Deshalb habe ich seit geraumer Zeit ein ungutes Gefühl, welches sich durch einen Zwischenfall, der Gott sei Dank glimpflich ausging, bestätigte...*
>
> *Dazu würde ich eine generelle Kindervorfahrt bei einem Tempolimit von 25 km/h mit entsprechenden Schildern herbeiführen. Die Schilder könnten die Kinder selber im Rahmen eines Wettbewerbs kreieren. Für die besten Entwürfe gibt es Preise, wofür ich gerne 10 € beisteuere..."*

Abb. 1: Flugblatt, das der Täter in der Nachbarschaft seines Opfers verteilte

Trotz mehrerer Strafanzeigen und Hausverbote ließ sich der Täter nicht von seinem Verhalten abbringen. Nachdem Barbara L. einen Unterlassungsbeschluss nach Gewaltschutzgesetz erwirkt hatte, wurden keine weiteren Vorfälle polizeilich registriert. Eine Nacherhebung brachte zutage, dass der Täter sich in der Folgezeit zwar von Barbara L. zurückgezogen, jedoch einem neuen Opfer zugewandt und hier das gleiche Stalking-Verhalten an den Tag gelegt hatte.

Kriminalpsychologische Betrachtung des Falls. Der Täter zeigte über einen Zeitraum von gut einem Jahr ein hoch frequentes und intrusives Stalking-Verhalten, das auf Seiten seines Opfers zu nachhaltigen psychosozialen Belastungen und Beeinträchtigungen führte. Die Verhaltensweisen, die der Täter realisierte, ließen sich nahezu ausnahmslos als „Nähe"-Verhalten klassifizieren:

- Telefonanrufe
- Versenden von SMS und Briefen
- Liebesbekundungen
- Geschenke
- Herumtreiben in der Nähe des Opfers
- Ausforschen des Opfers
- Überwachung

Es zeigte sich über den Tatzeitraum hinweg zwar eine Intensitätszunahme der Stalking-Handlungen, jedoch kein qualitativer Verhaltenswechsel. Insbesondere ergaben sich keine Hinweise auf ein erhöhtes Gefährdungs- bzw. Gewaltpotential. Offenkundig haben sich Maßnahmen nach Gewaltschutzgesetz bei diesem nähe-orientierten Täter als effektiv erwiesen, zumindest was den spezialpräventiven Aspekt im Falle der Betroffenen Barbara L. angeht. Unter generalpräventiven Aspekten mag es bedenklich erscheinen, dass der Täter sich in relativ kurzer Zeit ein neues Opfer gesucht und dieses – soweit polizeilich bekannt – in einschlägiger Weise bedrängt und verfolgt hat.

Fall Annette A.

Der vorliegende Fall ist prima vista kein prototypischer Stalking-Fall, sondern beinhaltet sowohl Elemente struktureller Beziehungs- und Trennungsgewalt als auch Vorstufen eines späteren homizidalen Stalking-Verhaltens. Trotzdem – oder gerade deshalb - haben wir diesen Sachverhalt gewählt, da sich auf der einen Seite Verhaltensthemen von Nähe und Kontrolle, die in einem tödlichen Finale endeten, zeigen. Auf der anderen Seite waren am Tatort bestimmte Verhaltensweisen des Täters festzustellen, die zwangsläufig nicht notwendig für die Tötung des Opfers erforderlich waren, für ihn jedoch eine besondere Bedeutung hatten, und ihn in gewisser Weise „zwangen", auf diese besondere Weise zu agieren und dadurch einen Einblick in seine Motivlage und Beziehung zum Opfer gaben.

Gerade diese Verhaltensweisen des Täters zeigen die Bedeutung des interdisziplinären Ansatzes bei der Beurteilung des relevanten Täterverhaltens. Aus diesem Grunde erfolgt zum besseren Verständnis im jeweiligen Sachzusammenhang eine kurze Einführung in gelegentlich an Tatorten festzustellende spezielle Täterverhaltensweisen, die über das eigentliche Modusoperandi-Verhalten des Täters bei seiner Tat hinausgehen.

Opfer. Annette A. war zur Tatzeit 28 Jahre alt, allein stehend und Mutter zweier Kinder im Alter von 2 und 6 Jahren. Bei dem Vater des zweijährigen Sohnes handelt es sich um den Täter. Aushilfsweise arbeitete sie als Imbissverkäuferin.

Täter. Der Täter war zur Tatzeit 30 Jahre alt und wurde als stiller, verschlossener, aber auch leicht erregbarer Mensch beschrieben. Anamnestisch ließen sich Hinweise auf problematische Bindungserfahrungen in Kindheit und Jugend sichern (z.B. früher Tod der Mutter, Heimaufenthalt). Er hatte die Realschule absolviert und ging einer Tätigkeit als Lagerarbeiter nach. Nach der Trennung von Annette A. soll er stark angespannt gewesen sein, unter Schlafstörungen und Händezittern gelitten haben. Nach seiner Darstellung habe Annette A. ihm nach der Trennung wegen der Kinder freundschaftlichen Kontakt angeboten und – bei grundsätzlich distanziertem Verhalten – gelegentlich Intimitäten mit ihm ausgetauscht. Auf das Scheitern einer Vorbeziehung hatte er ebenfalls mit Stalking-Verhaltensweisen reagiert (z.B. Telefonterror) und diese erst aufgegeben, als er Annette A. kennen gelernt hatte.

Entdeckung der Tat. Annette A. wurde vor mehreren Jahren in den frühen Morgenstunden von ihrer im selben Haus wohnenden Schwester im Schlafzimmer tot aufgefunden. Ein Anrufer hatte sich bei der Frau gemeldet und mitgeteilt, dass von ihr in einer norddeutschen Großstadt persönliche Gegenstände, wie Pass und Sparbücher, gefunden worden waren. Da sie diese Annette A. zur Aufbewahrung gegeben hatte, befürchtete die Frau zunächst einen Einbruch und betrat mit einem Zweitschlüssel die Wohnung ihrer Schwester. Hier fand sie das Opfer erstochen, nackt und mit einer Decke zugedeckt im Bett vor. Erwähnenswert ist weiterhin, dass die Wohnungstür keine Beschädigungen aufwies.

Fundsituation. Die Auffindsituation des Opfers am Tatort soll aus der Sicht der zum Tatort gerufenen Mordkommission erfolgen. Wenn diese zu einem Kapitalverbrechen gerufen wird, ist außer dem Umstand, dass ein Mensch getötet wurde, in der Regel nichts weiter über den näheren Sachverhalt und die Opferpersönlichkeit bekannt. Erst nach und nach ergeben sich aufgrund der Tatortarbeit, der rechtsmedizinischen Untersuchung des Leichnams sowie der Befragung von Zeugen Hinweise, die die Rekonstruktion des Tatgeschehens ermöglichen und auch die Frage beantworten können, ob die Tat speziell der getöteten Person galt oder ob es sich um eine zufällige Opferauswahl handelte.

Darüber hinaus zeigen sich gelegentlich an den vorgefundenen Tatorten spezielle Handlungen, d. h. Entscheidungen des Täters, die eine Antwort auf die Frage geben können, weshalb sich dieser bei der Tatbegehung so und nicht anders verhalten hat. Nicht immer besteht bei Tötungsdelikten das primäre Motiv des Täters darin, einen Menschen zu töten. Bestimmte äußere Einflüsse, wie Reaktionen des Opfers oder plötzliche Störungen der unvorhersehbare Ereignisse, können bei dem Täter den Entschluss wecken, sein Opfer zu töten, obwohl eine solche Handlung von ihm zuvor nicht

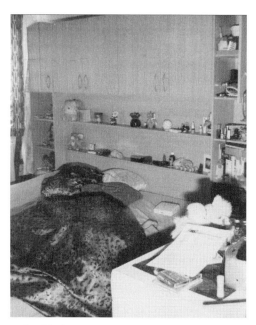

Abb. 2: Tatortüberblick

intendiert war. Der Blick in das Tatzimmer scheint auf den ersten Eindruck einen „Ort der Ruhe" darzustellen. Im Gegensatz zu Tatorten, bei denen eine Dynamik mit Opfer- und Täterverhalten zu erkennen ist, und die sich mit einhergehender Unordnung und Chaos sowie ausgeprägten Blutspurenverteilungsmustern zeigen können, erscheint dieser Tatort relativ geordnet. Das unter der Bettdecke verborgene Opfer war bei einer ersten Betrachtung nicht gleich zu erkennen, lediglich der rechte Fuß ragte ein Stück unter der Bettdecke hervor. Drei am Kopfende liegende Kissen verdeckten, wie sich später zeigten, massive Blutantragungen auf dem Laken. Auch das im Vordergrund auf einem Regal liegende Blatt Papier deckte dort vorhandene Blutspuren ab. Der weibliche Leichnam lag in Rückenlage im Bett. Die Füße zeigten in Richtung des Kopfteiles. Der Kopf ruhte auf dem erhöhten Fußteil des Betts. Der Körper der Toten war vollständig bis zum Kinn unter der Bettdecke verborgen Auffällig war weiterhin, dass die langen Opferhaare das Gesicht der Toten nahezu vorhangähnlich bedeckten, so dass Einzelheiten des Gesichtes nicht zu erkennen waren.

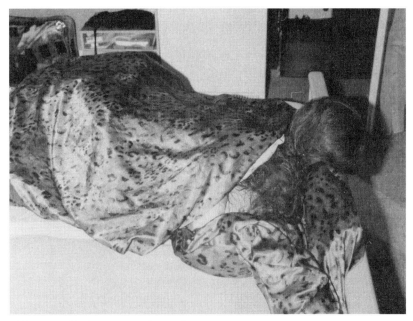

Abb. 3: Auffindesituation des Opfers

Nach dem Entfernen der Bettdecke wurde deutlich, dass der Täter die Wunden des Opfers mit einem quer über Brust liegenden hellblauen Frottierhandtuch abgedeckt hatte. Darauf ruhten, ähnlich wie bei einer Aufbahrung, die beiden Hände von Annette A. Das Opfer war ansonsten lediglich mit einer grauen durchgeknöpften Bluse bekleidet, die bis zum Kinn hochgeschoben und durch einen einzelnen Stichdefekt beschädigt war. Ansonsten war das Opfer nackt. Nach Abnahme des Handtuchs konnten insgesamt 17 Stichverletzungen erkannt werden.

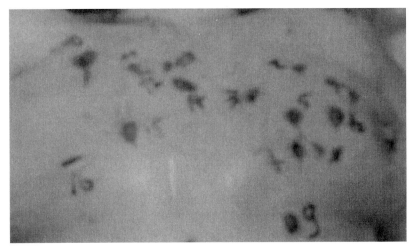

Abb. 4: Verletzungsbild

Am Bettkasten befestigte Hanfstricke sowie zwei unter dem Bett liegende Rollen Klebeband scheinen keine praktische Funktion zu erfüllen. Es war deshalb zu erörtern, ob sie nicht als eindeutiges Anzeichen einer sexuellen Präferenz für Fesselung (Bondage) bewertet werden mussten, wobei der Zeitpunkt der entsprechenden Handlungen offen blieb.

Abb. 5: Fesselungswerkzeuge

Weitere Feststellungen am Tatort und erste Ermittlungsergebnisse. Der zweijährige Sohn des Opfers befand sich nicht in seinem Bett und hielt sich auch im Gegensatz zu seiner älteren Schwester nicht in der Wohnung auf. Sie hatte zum Zeitpunkt der Tatentdeckung ruhig in ihrem Bett geschlafen und offensichtlich nichts vom Tatgeschehen mitbekommen. Nach der Tötung des Opfers hatte der Täter offenbar aus einem Schrank im Schlafzimmer zwei Geldkassetten an sich genommen, in denen auch die Wertsachen der Schwester von Annette A. aufbewahrt worden waren. Hinweise auf eine weitere Durchsuchung der Wohnung durch den Täter sowie die Mitnahme weiterer Wertsachen lagen nicht vor.

Im Rahmen der sofort eingeleiteten Ermittlungen konnte festgestellt werden, dass der Täter sich gegen 01.00 Uhr telefonisch eine Taxe bestellt hatte und gemeinsam mit dem Zweijährigen zum Hauptbahnhof gefahren war, um sich von dort aus zu einem Flughafen in Norddeutschland zu begeben. Offenbar hatte er geplant, sich mit dem Jungen ins Ausland abzusetzen, da er noch in der Nacht versuchte, für sich und das Kind Flugtickets nach Mallorca zu kaufen. Da das ungewöhnliche Pärchen mitten in der Nacht dem Personal eines Reisebüros verdächtig erschien, erhielten die beiden keine Flugtickets. In der Folgezeit suchte der Täter eine Toilettenanlage auf, hebelte dort die Geldkassetten auf, entnahm das vorgefundene Geld und warf die persönlichen Papiere der Annette A. in einen Abfalleimer. Anschließend brachte er das Kind zum Bahnhof und setzte dieses alleine in einen nach Süddeutschland fahrenden Zug. Als dem Täter bei einem erneuten Versuch wiederum kein Flugticket verkauft wurde, stellte er sich der Polizei und zeigte die Tötung seiner früheren Lebensgefährtin an.

Rechtsmedizinische Befunde. Die rechtsmedizinische Untersuchung von Annette A. ergab die folgenden Befunde:
- Blau-violette Verfärbung des Gesichtes
- Ausgeprägte petechiale Stauungsblutungen (Stirn, Augenlid, Bindehäute, Schleimhaut Mundvorhof)
- Knöcherne Defekte am Kehlkopf
- 17 unterblutete Stich- und Schnittverletzungen im Bereich des Oberkörpers und insbesondere der linken Brust
- wenige Schnitt-/Stichverletzungen an Händen und Unterarmen

Rekonstruktion des Geschehens. Aufgrund der durchgeführten Tatortarbeit sowie der rechtsmedizinischen Untersuchung ist davon auszugehen, dass Annette A. nach einem für sie überraschenden Angriff im Bett überwältigt und getötet worden war. Zu diesem Zeitpunkt dürfte sie mit ihrem Kopf im Bereich der Kissen gelegen haben. Die vorliegenden Befunde am Hals sowie am Gesicht zeigen, dass das Opfer zunächst einem Angriff gegen den Hals unterzogen wurde, und, trotz der an den Händen und Unterarmen befindlichen dezenten Schnitt- bzw. Stichverletzungen (aktive bzw. passive Abwehrverletzungen) zum Zeitpunkt der Beibringung der Stiche lediglich eingeschränkt in der Handlungsfähigkeit war. Nur so lässt sich das gleichförmige Muster der Stichverletzungen erklären. Nach der Tötung verlagerte der Täter die Lage des Opfers in der zuvor beschriebenen Weise im Bett.

Der nahezu unbekleidete Körper der Toten sowie die am Bett befestigen Seile lassen die Vermutung zu, dass vom Täter eine sexuelle Aktivität vor, während oder nach der Tat beabsichtigt oder durchgeführt worden war. Nach der Tötung von Annette A. endeten die Handlungen des Täters jedoch nicht. Er bedeckte die Stichwunden des Opfers mit dem Handtuch, faltete die Hände der Toten über der Brust, breitete die Haare des Opfers über dessen Gesicht vorhangähnlich aus und deckte schlussendlich die Blutflecken im Bett sowie auf einem Schrank ab. Anschließend erfolgte die Aneignung der beiden Geldkassetten, das Wecken und Ankleiden des zweijährigen Kindes sowie die Flucht zum Flughafen.

Kriminalpsychologische Betrachtung des Falles. Die beschriebenen speziellen Handlungen des Täters während oder nach der Tat können unter kriminalpsychologischen Gesichtspunkte zum einen als „Übertöten", zum anderen als „emotionale Wiedergutmachung" interpretiert werden.

Von einem „Übertöten" oder einem „overkill" wird nach der Definition des FBI gesprochen, wenn ein exzessives Trauma oder Verletzungen festzustellen sind, die die Notwendigkeit für eine Tötung des Opfers überschreiten (Douglas, Burgess, Burgess & Ressler, 1992). Wut, Hass und Aggressionen veranlassen den Täter dazu, mehr Gewalt aufzubringen, als für die Tötung eines Menschen eigentlich erforderlich wäre. Hinsichtlich der Anzahl der letalen Verletzungen bzw. der Kombination verschiedener Tötungsmechanismen gibt es keine fixen Regeln, doch ist davon auszugehen, dass mehr als zehn wuchtige Schläge an den Kopfbereich oder multiple Stichverletzungen die Voraussetzungen für ein Übertöten erfüllen. Solche Verhaltensmuster sind vornehmlich bei persönlich oder sexuell motivierten Tötungsdelikten zu erkennen.

Handlungen des Täters, die „emotionale Wiedergutmachung" bzw. ein „undoing" beinhalten, zeigen, dass dieser Reue und Schuld nach der Tat empfunden hat. Er versucht deshalb die Tat symbolisch zurückzunehmen, also wieder gut zu machen. Häufig sind derartige Verhaltensweisen an Tatorten festzustellen, wenn es eine tiefere Beziehung zwischen dem Täter und dem Opfer gab bzw. das Opfer für den Täter eine besondere Bedeutung hatte. (Douglas et al., 1992). Beispiele für eine emotionale Wiedergutmachung können sein:

- Bedecken des Gesichtes/des Körpers
- Bedecken von Wunden
- Säubern des Tatortes oder Verdecken von Blutspuren
- Falten der Hände des Opfers bzw. der Beigabe von sakralen Gegenständen.

Auch ohne die näheren Hintergründe zum Tatgeschehen zu kennen, hätte die vorgefundene Situation am Tatort sowie das Verletzungsmuster beim Opfer einen ersten Hinweis darauf gegeben, dass Opfer und Täter sich kannten und - was noch entscheidender ist - dass das Opfer für den Täter eine besondere Bedeutung hatte. Demnach war von einer eskalierenden Beziehungstat auszugehen. Durch die weiteren Ermittlungen konnten die näheren Umstände geklärt werden, die das von Kontrollmotiven geprägte Verhalten des Täters zeigten.

Vorgeschichte der Tat. Annette A. hatte den Täter zirka vier Jahre vor der Tat als Gast in ihrem Imbiss kennen gelernt. Es entwickelte sich eine zunächst harmonische Beziehung, so dass sie nach kurzer Zeit des Zusammenseins von ihm schwanger wurde. Um sich zukünftig näher sein zu können, zog der Täter in die der Opferwohnung gegenüberliegende Wohnung ein. Als jedoch Annette A. eine Mutter-und-Kind-Kur durchführte, verhielt sich ihr Partner vollkommen verändert. Er kapselte sich mehr und mehr ab und sprach noch weniger als zuvor. Außerdem zog er das eigene Kind dem anderen vor. Annette A. konnte dieses Verhalten nicht ertragen und bat etwa zwei Monate vor der Tat den Freund ihrer Schwester (Bruder des Täters), das Schloss zu ihrer Wohnung auszuwechseln. Der Täter soll, als er abends bemerkte, dass Annette A. das Schloss ausgewechselt hat, aggressiv reagiert und randaliert haben. Die Polizei wurde eingeschaltet.
Wenige Tage später klingelte der Täter an der Wohnungstür. Die Schwester von Annette A. wollte ihn nicht hineinlassen, doch die Kinder riefen ihn zu sich. Nach einiger Zeit wollte er seine Stereoanlage mitnehmen, doch Annette A. weigerte sich, die Sachen herauszugeben und verwies ihn stattdessen der Wohnung. Als die Situation zu eskalieren schien, forderte sie über ihre Schwester und deren Freund Hilfe an. Jedoch weigerte sich der Bruder des Täters zunächst ihr zu helfen, da er befürchtete, dieser könne ihn anzeigen. Als Annette A. versuchte, den Täter alleine aus der Wohnung zu schieben, wurde sie von ihm geschubst und stürzte zu Boden, worauf er sofort begonnen haben soll, sie zu würgen. Schließlich gelang es dem Bruder des Täters und Annettes Schwester, die Fortsetzung der Tat zu unterbinden und den Täter aus der Wohnung zu werfen.
In der Folgezeit feierte der Täter krank. Er behauptete auf der gemeinsamen Arbeitsstelle, dass sein Bruder ihn zusammengeschlagen habe, woraufhin dieser seinen Arbeitsplatz verlor. In den nächsten Tagen und Wochen folgen mehrere Aussprachen zwischen Annette A. und dem Täter außerhalb ihrer Wohnung. Schließlich erreichte er, die Kinder sehen zu dürfen, wobei die Treffen auch in der Wohnung von Annette A. stattfinden sollten. Eine erneute Beziehung mit dem Täter lehnte die Frau jedoch ab.
Fortan nutzte der Täter Zugeständnisse von Annette A. aus. Sobald die Kinder aus dem Kindergarten kamen, suchte er den Kontakt zu ihnen und somit auch zwangsläufig mit Annette A. Er hielt sich dann stundenlang in ihrer Wohnung auf, was sie nur schweren Herzens wegen der Kinder akzeptierte. Nach und nach gelang es dem Täter, die Freiräume von Annette A. immer mehr einzuschränken. Er begleitete sie überall hin, so dass dies der Nachbarschaft auffiel und sein Verhalten Anlass für vielerlei Gerede

wurde. Ständig wurde Annette A. von ihm aufgefordert, ihm eine erneute Chance zu geben. Dazu schrieb er ihr fortwährend Liebesbriefe, die er Annette A. direkt oder über ihre Tochter aushändigen ließ. Er rief ständig an und sendete dem Opfer fortlaufend SMS-Nachrichten. Er machte ihr teure Geschenke aus der Parfümerie. Gleichzeitig überwachte er die Aktivitäten von Annette A. So rückte er zum Beispiel die Schrankwand in seiner Wohnung von der Wand ab, um Annette A. besser belauschen zu können bzw. beobachtete die Besucher des Hauses im Treppenhaus. Er folgte Annette A. auf der Straße und nutzte jede Möglichkeit, sie bei Außenaktivitäten begleiten bzw. ihr Verhalten beobachten zu können. Annette A. konnte diese Verhaltensweisen nicht länger ertragen. Sie beklagte sich bei einer Freundin, dass der Täter „die Trennung nicht rafft" und war „genervt" von seinem Verhalten. Als sie zwischenzeitlich eine Beziehung zu einem anderen Mann einging, wurde dieser morgens vom Täter beim Verlassen von Annettes A. Wohnung im Treppenhaus beschimpft.

Stalking-Verhalten. Die rekonstruierten Täterhandlungen lassen sowohl Nähe- als auch Kontrollmotive erkennen, wobei das Verhaltensthema „Macht/Kontrolle" deutlich dominiert (Tabelle 7).

Tabelle 7: Stalking-Verhalten und Verhaltensthemen im Fall Annette A.

Verhaltensthema Nähe	Verhaltensthema Macht/Kontrolle
• Liebesbekundungen, Bitten um eine erneute Chance • Telefonanrufe • Schriftliche Mitteilungen (Briefe, SMS) • Geschenke • Herumtreiben in der Nähe des Opfers	• Drohungen • Verfolgung, ständige Begleitung • Überwachung, Kontrolle der Aktivitäten • Diffamierung Dritter (Bruder, aktueller Partner) • Konfrontation, Wutausbrüche • Sachbeschädigung • Physische Gewalt, Würgehandlungen

Beispielhaft für das Kommunikationsverhalten des Täters und seine „Liebesbekundungen" sind die Briefe an Annette A. (siehe Tabelle 8).

Tabelle 8: „Liebesbriefe" an das Opfer Annette A.

Brief 1	Brief 2
Liebe Annette *Weil ich nicht anders kann als nur dich Annette zu Lieben,* *Will ich dich lieben denn, so viel ich kann.* *Zu hassen dich, hat ich mir vorgeschrieben,* *Mit Hasse sah das Herz die Vorschrift an.* *Dich zu vergessen, hatt ich mich getrieben;* *Vergessen war es, eh ich mich besann.* *Da so der Hass ward von sich selbst zerrieben,* *So das Vergessen in sich selbst zerrann:* *So lass mich denn, so viel ich kann, dich lieben,* *Weil ich nicht anders als dich Annette* *lieben kann.*	*Liebe Süsse Annette,* *Ich moß dir Annette noch einen Brief schreiben,* *weil ich nicht anders kann alles dir Annette einen* *Brief zu schreiben und weil dich Annette* *würklich noch liebe.* *Ich weiß das ich dich Annette nicht beträmen soll,* *aber ich moß die Frage die ich dir Annette schon* *einmal gestellt habe noch einmal stellen.* *Kannst du Annette mir Bitte Bitte nicht doch noch* *Eine aller leste Chance geben.* *Manchmal scheint Liebe nur ein Wort zu sein, doch LiebeIst viel mehr! Liebe ist geliebt zu werden!* *Lieben kann jeder und jeder liebt.* *Aber ich Liebe dich noch immer!*

Rekonstruktion des Tatablaufs. Folgender Tatablauf konnte rekonstruiert werden: Gegen 15.30 Uhr kehrte Annette A. von ihrer Arbeitsstelle nach Hause zurück. Sie verabredete sich mit dem Täter auf dem Spielplatz. Er ging mit den Kindern vor, Annette A. folgte nach einer gewissen Zeit. Anschließend aßen die Kinder beim Täter zu Abend. Da sich Annette A. an diesem Abend nicht wohl fühlte, bat sie den Täter, die Kinder ins Bett zu bringen und den Hund auszuführen. Sie legte sich im Wohnzimmer auf das Sofa und schlief ein. Nach Einlassungen des Täters will er in seine Wohnung gegangen sein. Gegen 22.00 Uhr soll ihn Annette A. angerufen und zu sich gebeten haben. Diese telefonische Kontaktaufnahme konnte später bei den Ermittlungen nicht nachgewiesen werden.

Annette A. soll im Bett gelegen haben und lediglich mit einem T-Shirt bekleidet gewesen sein, woraufhin der Täter davon ausgegangen sei, dass sie mit ihm sexuellen Kontakt wünsche. Es sei dann zum einvernehmlichen Geschlechtsverkehr gekommen, wobei Bondagepraktiken jedoch nicht praktiziert worden sein sollen.

Bei einem anschließenden Gespräch über die Reparatur eines Fahrrades der (Stief-) Tochter habe sich nach Angaben des Täters ein Streit ergeben, der eskalierte. Dabei soll Annette A. dann nach einem neben dem Bett liegenden Messer gegriffen und ihn damit am Schienbein verletzt haben. In der Folge sei es dann zum Einsetzen einer totalen Absenz beim Täter gekommen, so dass keine Erinnerungen an einzelne Geschehensabläufe möglich seien. Erste Erinnerungen an die Tat sollen dem Täter erst kurz vor Erreichen des Flughafens im Zug gekommen sein.

Retrospektive Gefährlichkeitseinschätzung. Der skizzierte Fall ereignete sich Anfang 2000, mithin zu einem Zeitpunkt, als das Bewusstsein für die Stalking-Problematik – zumindest in Deutschland – noch nicht auf dem heutigen Niveau war. Auf dem Hintergrund des heute verfügbaren Wissens über Stalking und Gewalt lässt sich retrospektiv eine Reihe von empirisch validierten Indikatoren für eine erhöhte Gefährdungslage bereits im Vorfeld des Tötungsdeliktes identifizieren:

- Dominante Macht- und Kontrollthematik im Stalking-Verhalten
- Intime Vorbeziehung
- Trennung auf Initiative des Opfers
- Anwesenheit von Stiefkindern
- Drohungen gegen das Opfer und gegen Dritte
- relativ geringes Lebensalter des Täters
- keine Hinweise auf Vorliegen einer psychotischen Störung
- Hinweise auf Stalking-Verhalten in Vorbeziehung

Bezieht man zudem die bislang noch nicht hinreichend gewichteten Indikatoren des FBI (vgl. Tabelle 5) in die Betrachtung mit ein, so lässt sich konstatieren, dass insgesamt 9 der 14 Risikofaktoren in vorliegendem Fall erfüllt waren, somit also bereits bei reiner Oberflächenbetrachtung Anzeichen für eine erhöhte Gefährdungslage vorlag. Bei integrativer Gewichtung aller Falldaten lässt sich aus kriminalpsychologischer Sicht in jedem Fall eine kontinuierliche Einengung der psychischen Prozesse auf Seiten des Täters konstatieren, die letztlich auf einen finalen Akt homizidalen Stalkings zuliefen.

Bilanz

Vielfalt und Anstieg von Forschungsaktivitäten in den letzten Jahren waren wichtig für eine erste Bestandsaufnahme und Beschreibung des Phänomens „Stalking", jetzt besteht aber die Gefahr, dass ein Übermaß an „unkoordinierter" Forschung zu einer „Verschleierung" des Phänomens Stalking an sich führt, was wiederum kontraproduktiv für den Umgang mit Stalking-Fällen im Hellfeld sein dürfte. Dringend notwendig ist nun eine systematische Datenaggregation, d.h. theorie- und hypothesengeleitete Forschung unter Verwendung multidimensionaler Verfahren, wie sie etwa in der aktuellen ermittlungspsychologischen Forschung favorisiert werden (Groves, Salafati & Elliot 2004).

Eine Konzeptualisierung von Stalking als dynamischen und relationalen Prozess erfordert insbesondere auch eine Abkehr von punktuellen Betrachtungen des Stalking und reinen Querschnittsuntersuchungen hin zu Längsschnittuntersuchungen, die die diachrone Entwicklung des Stalking-Verhaltens, vor allem auch Verhaltenseskalationen über die Zeit zu erfassen vermögen. Auf diesem Hintergrund haben wir die Bremer Längsschnittstudie „Stalking" initiiert, die zu einem eine prospektive Analyse registrierter Stalking-Fälle, zum anderen auch eine retrospektive Auswertung der registrierten Sexual- und Tötungsdelikte umfasst. Auf eine Dokumentation der ersten Teilergebnisse wird an dieser Stelle verzichtet, zumal die Datenerhebung noch nicht vollständig abgeschlossen ist. Wir erwarten nicht nur weiter führende Erkenntnisse über Häufigkeit und Bedingungen von Gewalteskalation, sondern auch zu den protektiven Faktoren und jenen kritischen „Scharnierstellen" an denen (polizeiliche) Interventionen sinnvoll und effektiv sind. Besondere Beachtung sollen dabei jene Stalking-Prozesse erfahren, bei denen Täter – wie in den Beispielfällen – multiple Opfer belästigen und verfolgen und damit möglicherweise signifikante Entwicklungen in der Fantasie wie auch der Handlungskompetenz durchlaufen. Es ist zu wünschen, dass den bisherigen Forschungsaktivitäten zur Phänomenologie und Gefährdungsanalyse bei Stalking alsbald Studien zur *Früh*erkennung von Hochrisikotätern bzw. -tatverläufen folgen, die für die (polizeiliche) Prävention konzeptionell wie instrumentell nutzbar gemacht werden können.

Literatur:

BREWSTER, M.P. (2003). Power and control dynamics in prestalking and stalking situations. Journal of Family Violence, 18, 207-217.

BUDD, T. & MATTINSON, J. (2000). The extent and nature of stalking: Findings from the 1998 British Crime Survey. London: Home Office Research, Development and Statistics Directorate.

BUNDESMINISTERIUM FÜR FAMILIE, SENIOREN, FRAUEN UND JUGEND (2004). Lebenssituation, Sicherheit und Gesundheit von Frauen in Deutschland: Eine repräsentative Untersuchung zu Gewalt gegen Frauen in Deutschland. Berlin: BMFSFJ.

CAMPBELL, J.C. (2003). Risk factors for femicide in abusive relationships: Results from a multisite case control study. American Journal of Public Health, 93, 1089-1097.

DAHLE, K.-P. (2000). Psychologische Begutachtung zur Kriminalprognose. In H.-L. Kröber & M. Steller (Hrsg.), Psychologische Begutachtung im Strafverfahren (S. 77-111). Darmstadt: Steinkopff.

DOUGLAS, J.E., BURGESS, A.W., BURGESS, A.G. & RESSLER, R.K. (1992). Crime Classification Manual. San Francisco: Jossey-Bass Publishers.

DRESSING, H., KUEHNER, C. & GASS, P. (2005). Prävalenz von Stalking in Deutschland. Psychiatrische Praxis, 32, 73-78.

GOEBEL, G. & LAPP, M. (2003). Stalking mit tödlichem Ausgang. Kriminalistik, 57, 369-377.

GREUEL, L. (1992). Polizeiliche Vernehmung vergewaltigter Frauen. Weinheim: Psychologie Verlags Union.

GROVES, R.M., SALFATI, C.G. & ELLIOT, D. (2004). The influence of prior offender/victim relationship on offender stalking behaviour. Journal of Investigative Psychology and Offender Profiling, 1, 153-167.

HOFFMANN, J. (2003). Stalking – Polizeiliche Prävention und Krisenmanagement. Kriminalistik, 57, 726-731.

MAHONEY, M.R. (1991). Legal images of battered woman: Redefining the issue of separation. Michigan Law Rewiew, 90, 1-94.

MCFARLANE, J., CAMPBELL, C.C. & WATSON, K. (2002). Intimate partner stalking and femicide: Urgent implications for women´s safety. Behavioral Science and the Law, 20, 51-68.

MECHANIC, M.B., WEAVER, T.L. & RESICK, P.A. (2000). Intimate partner violence and stalking behavior: Exploration of patterns and correlates in a sample of acutely battered women. Violence and Victims, 15, 55-72.

MELOY, J.R. (1998). The psychology of stalking. San Diego, CA: Academic Press.

MULLEN, P.E., PATHÉ, M. & PURCELL, R. (2000). Stalkers and their victims. Cambridge: Cambridge University Press.

PURCELL, R., PATHÉ. M. & MULLEN, P.E. (2002). The prevalence and nature of stalking in the Australian community. Australian and New Zealand Journal of Psychiatry, 36, 114-120.
ROSENFELD, B. (2004). Violence risk factors in stalking and obsessional harassment. Criminal Justice and Behavior, 31, 9-36.
SHERIDAN, L. & DAVIES, G.M. (2001). Violence and the prior victim-stalker relationship. Criminal Behavior and Mental Health, 11, 102-116.
SPITZBERG, B.H. & CUPACH, W.R. (2003). What mad pursuit? Obsessive relational intrusion and stalking related phenomena. Aggression and Violent Behavior, 8, 345-375.
TJADEN, P. & THOENNES, N. (1998). Stalking in America: Findings from the National Violence Against Women Survey. In U.S. Department of Justice, National Institute of Justice Centers for Disease Control and Prevention: Research in Brief. Washington, D.C.
ZONA, M.A., SHARMA, K.K. & LANE, J. (1993). A comparative study of erotomanic and obsessional subjects in a forensic sample. Journal of Forensic Scienes, 38, 894-903.

Anschriften der Verfasser:

Prof. Dr. Luise Greuel
Institut für Polizei- und Sicherheitsforschung (IPoS)
Hochschule für Öffentliche Verwaltung Bremen
Doventorscontrescarpe 172
D-28195 Bremen

KHK Axel Petermann
LKA/OFA Bremen

Forensische Psychiatrie & Psychotherapie

Herausgeber:
H. Duncker, B. Dimmek, U. Kobbé

— die führende Fachzeitschrift für forensische Diagnostik, Therapie und Prognose

— konsequente Theorie-Praxis-Verschränkung

— intensive Forschungs-Anwendungs-Interaktion

— praxisunmittelbar, kritisch, unabhängig, schulenübergreifend, interdisziplinär, international

Forensische Psychiatrie & Psychotherapie erscheint seit 1994 dreimal jährlich zum Abopreis von 30,- Euro (inkl. MwSt. und Versand).

PABST SCIENCE PUBLISHERS
Eichengrund 28, D-49525 Lengerich, Tel. ++ 49 (0) 5484-308,
Fax ++ 49 (0) 5484-550, E-mail: pabst.publishers@t-online.de
Internet: www.pabst-publishers.de

Norbert Nedopil

Prognosen in der Forensischen Psychiatrie - Ein Handbuch für die Praxis

unter Mitwirkung von
Gregor Groß, Matthias Hollweg, Cornelis Stadtland, Susanne Stübner, Thomas Wolf

Prognosebegutachtungen gewinnen in der Praxis der Forensischen Psychiatrie zunehmend an Bedeutung. Seit 1996 wurden in Deutschland vier Gesetzesänderungen verabschiedet, die über den bis zu diesem Zeitpunkt erforderlichen Umfang hinaus sachverständige Prognosen erfordern. Weitere Gesetzesänderungen, die gerichtliche oder behördliche Entscheidungen von Prognosegutachten abhängig machen, sind in Vorbereitung. Die Zahl der Anforderungen für derartige Begutachtungen ist in den letzten Jahren dramatisch gewachsen.

Auch das Wissen um Risikofaktoren für künftige Normüberschreitungen und insbesondere für Gewalttaten von psychisch kranken Rechtsbrechern und von anderen Straftätern ist gewachsen. Untersuchungen zur Rückfälligkeit bei unterschiedlichen Gruppen von Straftätern, die Entwicklung von Prognoseinstrumenten und die strukturierte Risikoeinschätzung haben die Prognoseforschung und die individuelle Risikoerfassung auf eine breite empirische Basis gestellt und Prognosen zuverlässiger gemacht. Allerdings bleiben noch viele Unsicherheiten: Prognostiker sollten ihre Kompetenz nicht überschätzen und die Grenzen ihrer Möglichkeiten offen legen. Die Erkenntnis von John Monahan aus dem Jahr 1981 bleibt bestehen: Humanwissenschaftler können Risikofaktoren auflisten und Risikoeinschätzungen für bekannte Bedingungen und begrenzte Zeiträume erarbeiten, die von den Gerichten geforderte "unbegrenzte" Prognose kann aber mit Methoden der empirischen Wissenschaft nicht erstellt werden.

Das Buch versucht, die rechtlichen Rahmenbedingungen, unter denen Prognosen erstellt werden, das empirische Wissen und die derzeit verfügbaren Prognoseinstrumente zusammenfassend darzustellen sowie die Methoden, wie das Wissen auf den Einzelfall bezogen wird, zu erläutern. Es zeigt aber auch die Grenzen der prognostischen Möglichkeiten auf. Es ist für den Praktiker geschrieben, der als Jurist, Psychiater oder Psychologe Prognosegutachten erarbeiten, überprüfen und interpretieren muss und dessen Alltag bewusst oder unbewusst von Risikoeinschätzungen bei dem ihm anvertrauten Klientel geprägt wird.

2005, 336 Seiten, ISBN 3-89967-216-X, Preis: 30,- Euro

PABST SCIENCE PUBLISHERS
Eichengrund 28, D-49525 Lengerich, Tel. ++ 49 (0) 5484-308, Fax ++ 49 (0) 5484-550,
pabst.publishers@t-online.de, www.pabst-publishers.de

M. Clauß, M. Karle, M. Günter, G. Barth (Hrsg.)

Sexuelle Entwicklung – sexuelle Gewalt

Grundlagen forensischer Begutachtung von Kindern und Jugendlichen

J. Rohmann: Belastungen von Kindern und Jugendlichen als Zeugen in Strafverfahren

R. Trost: Sexualität und sexueller Mißbrauch bei Menschen mit geistiger Behinderung

R. Volbert: Sexualisiertes Verhalten von Kindern, Stellenwert für die Diagnostik eines sexuellen Missbrauches

M. Günter: Jugendliche und erwachsene Sexualstraftäter im Vergleich: Psychiatrische Charakteristika und späteres Rückfallrisiko

W. Vögele: Glaubhaftigkeitsgutachten im Strafverfahren, Möglichkeiten und Grenzen aus juristischer Sicht

M. Clauß: Probleme von Glaubhaftigkeitsbegutachtungen bei psychisch kranken Zeugen

R. Häußermann: Juristische Perspektive des Umgangsrechts bei einem sexuellen Missbrauchsvorwurf in familienrechtlichen Verfahren

W. Felder: Kinder- und jugendpsychiatrische Perspektive des Umgangsrechts bei einem sexuellen Missbrauchsvorwurf

R. Frank: Die Behandlung von kindlichen und jugendlichen Missbrauchsopfern

F. Hässler: Jugendliche Sexualstraftäter im Maßregelvollzug

M. Karle: Opferschädigung durch Opferentschädigung?

G. Barth: Ethische und religiöse Fragen bei der Begutachtung

168 Seiten, ISBN 3-89967-207-0
Preis: 20,- Euro

PABST SCIENCE PUBLISHERS
Eichengrund 28, D-49525 Lengerich, Tel. ++ 49 (0) 5484-308,
Fax ++ 49 (0) 5484-550, E-mail: pabst.publishers@t-online.de
Internet: www.pabst-publishers.de